신방수 세무사의
주택임대사업자 등록말소주택
절세 가이드북

신방수 세무사의
주택임대사업자
등록말소주택

쏟아지는 등록말소주택 임대사업자의 세금이 위험하다!

절세 가이드북

신방수 지음

매일경제신문사

머리말

주택임대업에 관한 세제를 모르고서는 부동산 세제에 접근조차 하기 힘들어진 것이 작금의 현실이다. 당초 다주택자가 보유한 임대주택에 대한 세제지원을 위해 도입된 제도들이 '민간임대주택법에 관한 특별법(민특법)'의 개정에 따라 그리고 세법 자체의 많은 변화에 따라 없어지거나 변형된 형태로 작동되고 있기 때문이다. 물론 현재의 시점에서 보면 아파트는 등록이 불가해 주택임대업에 대한 실익이 많이 떨어져 세제에 대한 궁금증이 감소했다고 볼 수 있지만, 기존 등록자들을 대상으로 자동말소 등의 제도가 도입됨에 따라 종합부동산세가 과세되는 한편 양도소득세에도 많은 영향을 주고 있다. 실제 임대사업자의 거주주택과 임대주택에 대한 비과세와 과세판단이 쉽지 않아 여기저기서 한숨 소리가 나는 것이 작금의 현실이다. 상황이 이렇다 보니 임대사업자들이 마음 놓고 매매할 수 없는 지경으로 몰리고 있다. 여기에 더해 세법을 집행하는 과세당국이 발표하는 예규들조차 납세자들한테 불리하게 작용하고 있어 이래저래 이들의 고심이 커지고 있다. 이러한 상황은 임대주택이 없어질 때까지 앞으로 수년간 계속될 가능성이 높다.

이러한 배경 아래 주로 주택임대사업자들에게 발생하는 다양한 세무 중 양도소득세와 관련된 쟁점을 해결하기 위해 이 책을 집필했다.

그렇다면 이 책 《주택임대사업자 등록말소주택 절세 가이드북》은 어떤 점들이 뛰어날까?

첫째, 자동말소 등의 제도도입에 맞춘 세무상의 문제를 모두 다루었다.

알다시피 최근 민특법이 개정되어 자동말소나 자진말소 같은 제도가 도입되어 종부세는 물론, 양도소득세에 많은 영향을 미치고 있다. 이에 저자는 주택임대업 세제 중 가장 쟁점이 가장 많은 양도소득세를 대상으로 실무에서 대두되고 있는 내용을 선별해 집필했다. 주요 내용은 다음과 같다.

- **제1장** 주택임대사업자의 세금이 위험하다
- **제2장** 민간임대주택법에 관한 특별법(민특법)의 이해
- **제3장** 등록제도(자동말소 등 포함)와 세법의 관계
- **제4장** 주택임대사업자의 양도소득세 실무 관련 기초지식 쌓기
- **제5장** 거주주택 양도소득세 비과세적용법
- **제6장** 장기임대주택과 양도소득세 중과배제
- **제7장** 임대주택의 장기보유특별공제 특례와 양도소득세 100% 감면
- **제8장** 주택임대사업자의 재건축에 따른 양도소득세 쟁점
- **제9장** 건설임대주택의 양도소득세(절세 특집)

둘째, 실전에 필요한 다양한 사례를 들어 문제해결을 쉽게 하도록 했다.

등록한 임대주택들과 관련해서 생각보다 많은 쟁점이 발생하고 있다. 부동산 대책을 거치면서 세제가 급격히 변동한 탓이 크다. 이에 저자는 독자들의 실무처리를 쉽게 할 수 있도록 사례를 많이 들었다. 또한, 여전히 쟁점으로 남아 있는 대목에 대해서는 저자 의견을 제시한 한편, 좀 더 고급스러운 정보를 원하는 독자들을 위해 '심층분석'란을 신설해 쟁점들을 최대한 분석했다.

셋째, 주택임대사업자가 세금탈출구를 찾는 것을 돕기 위해 최신의 정보를 모두 다루었다.

현행 주택임대업 양도소득세는 그야말로 첩첩산중이라고 표현해도 손색이 없을 만큼 까마득하다. 민특법과 소득세법상의 중과배제 및 비과세 일반규정과 비과세특례규정들이 복합된 상태에서 어느 날 갑자기 자동말소나 자진말소 같은 제도가 도입됨에 따라 기존의 해석 틀이 완전히 무너져 그렇다. 이에 저자는 이 상황을 두고 볼 수만은 없어 무너진 집을 다시 짓는다는 심정으로 법 규정을 하나히니씩 뜯어보고 최근의 예규 등을 십중분석해 독자들 스스로 다양한 판단을 할 수 있는 정보를 제공하고자 했다.

이 책은 양도소득세 분야에서 가장 난이도가 높은 주택임대사업자의 양도소득세에 관한 책이다. 20년간 70권의 책을 집필한 저자의 입장에서 볼 때 이에 대한 세제의 체계를 이해하는 것이 결코 쉽지 않았음을 부인하지 않겠다. 이에 저자는 초보자의 관점에서 이에 대한 세제를 잘 이해할 수 있도록 민특법의 원리와 주택임대사업자의 세제지원 원리를 살펴보고, 주제별로 쟁점을 분석하는 식으로 이 책을 전개했다. 따라서 초보자들도 책을 계속 읽어 내려가면 지금까지 한두 번 품었던 의문사항 대부분이 해결될 것으로 기대한다. 다만, 그래도 이해하기 힘들면 저자의 네이버 카페(신방수세무아카데미)를 통해 궁금증을 해소하기 바란다. 이곳에서는 실시간 세무상담은 물론이고, 최신의 세무정보 그리고 세금계산기 등도 장착되어 있어 활용도가 높을 것이다.

이 책은 많은 분들의 도움을 얻어 집필했다. 우선 항상 저자를 응원하는 카페회원분들의 도움이 컸다. 이분들의 응원이 없었다면 완주할 수 없을지도 모른다. 이외 저자가 몸담고 있는 세무법인 정상의 임직원들과 항상 가족의 안녕을 책임지는 아내 배순자와 대학에서 경영과 세무회계를 배우고 있는 두 딸 하영이와 주영이에게도 감사의 말씀을 드린다.

아무쪼록 이 책이 주택임대업에 대한 세무에 대해 능통하고자 하는 분들에게 작은 도움이라도 되었으면 한다.

독자들의 건승을 기원한다.

역삼사무실에서
세무사 신방수

Contents

이 책을 읽을 때에는 다음 사항에 주의하시기 바랍니다.

1. 개정세법의 확인

이 책은 2022년 3월에 적용되고 있는 세법을 기준으로 집필되었습니다. 실무에 적용 시에는 그 당시에 적용되는 세법을 확인하는 것이 좋습니다. 세법개정이 수시로 일어나기 때문입니다. 저자의 카페나 전문세무사의 확인을 받도록 하시기 바랍니다.

2. 용어의 사용

이 책은 다음과 같이 용어를 사용하고 있습니다.

· 민간임대주택법에 관한 특별법 → 임대주택법(민특법)
· 주택임대사업자 → 주임사
· 소득세법 시행령 → 소령
· 조세특례제한법(시행령) → 조특법(조특령)
· 상속세 및 증여세법 → 상증법
· 종합부동산세 → 종부세
· 양도소득세 → 양도세

3. 조정대상지역 등에 대한 정보

· 조정대상지역(조정지역), 투기과열지구 등에 대한 지정 및 해제정보는 '대한민국 전자관보' 홈페이지에서 확인할 수 있습니다.
· 정부의 부동산 대책에 대한 정보는 '국토교통부', 세제정책은 '기획재정부와 행정안전부'의 홈페이지에서 알 수 있습니다.
· 개정세법 및 개정법률 등은 '국회(법률)', '정부입법지원센터(시행령)', 일반 법률은 '법제처'의 홈페이지에서 검색할 수 있습니다.
· 임대료 5% 이내 인상 및 기타 주택임대업등록제도 등에 대한 자세한 내용은 '렌트홈' 홈페이지에서 알 수 있습니다.

4. 책에 대한 문의 및 세무상담 등

책 표지 안 날개 하단을 참조하시기 바랍니다.

제 **1** 장

주택임대사업자의 세금이 위험하다

01 임대사업자들이 아우성을 치는 이유

    한때 누구나 한 번쯤 꿈꾸었을 주택임대업이 최근 된서리를 맞고 있다. 정부의 정책이 냉탕과 온탕을 왔다 갔다 하면서 세제지원책이 점점 줄어들고 오히려 가중되는 측면이 있기 때문이다. 대표적인 것이 바로 등록말소제도에 따른 종합부동산세(종부세) 과세다. 등록이 말소되면 세제지원이 사라지고 과세로 들어가 이에 대해 방어를 하지 못한 층은 세금에 그대로 노출된다. 실제 앞으로 계속 말소되는 주택들이 늘어나므로 이러한 현상은 앞으로 계속될 것으로 보인다. 그렇다면 이러한 위험 말고도 다른 것들은 없을까? 아니다. 모든 세목에 걸쳐 위험이 노출되고 있다. 좀 더 구체적으로 살펴보면 다음과 같다.

    첫째, 취득세는 12%까지 중과세가 적용된다.
    현행 취득세는 1세대가 보유한 주택 수에 따라 1~12%까지 나오는데 이때 주택 수에는 임대주택도 포함된다. 따라서 많은 임대주택을 가진 상태에서 추가로 취득한 주택들은 취득가액의 12%까지 취득세를 부담해야 한다.[1]

둘째, 종부세는 6%까지 중과세가 적용된다.

주택임대사업자(이하 주임사)를 가장 괴롭히는 세금 중 하나가 바로 종부세다. 매년 6월 1일 기준으로 과세가 되는데, 문제는 2022년 6월 1일 전에 말소된 주택이 있다면 2021년 6월 1일에 취득한 것으로 보아 이때의 보유세를 가정해 300%의 세부담 상한율을 적용한 탓에 2022년의 종부세가 기하급수적으로 증가한다.[2]

셋째, 양도소득세(이하 양도세)는 거주주택 비과세가 1회 주어지고 임대주택은 중과세가 배제되지만 요건 강화로 이에 대한 판단이 어렵다.

실무에서 보면 종부세 대책은 주택 수를 줄이면 되지만, 이 과정에서 다양한 세무상 쟁점이 발생하는 것이 문제점으로 지적된다. 양도세의 경우 자동말소 같은 제도가 들어오면서 서주주택 비과세와 임대주택 적용배제에 대한 세제지원의 요건을 판단하는 것이 어렵게 변했기 때문이다. 이러한 환경변화에 따라 주임사들이 피해를 보는 상황들이 연출되고 있다.

---

1) 단, 시가표준액 1억 원 이하의 주택은 1%대의 세율이 적용된다(법인도 동일).
2) 자동말소가 되는 주택들이 발생할 때마다 이러한 방식으로 종부세가 크게 증가한다.

☞ 자동말소 등의 제도도입으로 양도세 비과세와 중과세 등에 관한 세제의 틀이 완전히 변경되었다. 따라서 독자들은 이러한 환경변화에 맞춰 이하의 내용을 살펴보기 바란다.

02
종부세의 급증 이유와
이에 대한 대책

앞서 잠깐 지적했듯이 주임사의 가장 현실적인 고민은 종부세가 클 수밖에 없다. 보유만 하고 있으면 무조건 이 세금이 나오기 때문이다. 양도세는 양도하지 않으면 발생하지 않지만 이 세금은 그렇지 않다. 그렇다면 말소된 주택들이 계속 쏟아지면서 보유세 문제가 핵심으로 대두될 것으로 보이는데 이에 대한 대책은 어떻게 될까?

1. 종부세의 급증 이유

종부세는 매년 6월 1일 개인이 보유한 주택 수에 따라 과세되는 국세에 해당한다. 우선 이에 대한 과세방식을 정리하면 다음과 같다.

구분	① 1세대 1주택	② 특정주택*	③ 좌 외
과세기준일	6월 1일	좌동	좌동
기본공제액	11억 원	6억 원	6억 원
세율	0.6~3.0%	1.2~6.0%	0.6~3.0%
세액공제율	80%	없음.	없음.
세부담 상한율	150%	300%	150%

* 1인이 조정대상지역 2주택 보유, 전국적으로 3채 이상 보유한 경우 중과세율이 적용됨.

종부세의 경우 개인별로 과세되는데 주임사의 경우 자동말소 등에 따라 보유주택 수가 늘어나므로 대부분 ②에 해당할 가능성이 높다. 구체적으로 특정주택은 한 개인이 조정대상지역(서울 등)[3] 내에서 2채를 보유하고 있거나 전국에 걸쳐 3채 이상을 보유하고 있는 경우를 말한다. 이렇게 되면 중과세율이 적용된다. 그런데 종부세는 아무리 많이 나오더라도 세부담 상한이 있다. 이는 전년도에 낸 보유세 전체의 1.5배 또는 3배(중과세)에서 올해 실제 낸 재산세를 차감한 것으로 한다. 그런데 이 세부담 상한제도를 적용할 때 종합부동산세법 시행령 제5조 제2항에서는 '납세의무자가 해당 연도의 과세표준합산주택을 직전 연도 과세기준일에 실제로 소유하였는지의 여부를 불문하고 직전 연도 과세기준일 현재 시점에 소유한 것으로 보아' 이에 대한 세부담 상한율을 적용하고 있다. 따라서 전에 취득해 등록하고 말소된 주택을 보유한 경우에는 전년도 6월 1일에 보유한 것으로 보아 상한율을 정하므로 올해 내야 할 종

---

3) 서울을 포함한 전국의 도시가 포함되어 있다. 구체적인 지정 및 해제현황은 '대한민국 전자관보' 홈페이지에서 살펴볼 수 있다.

부세가 전년대비 300%를 훨씬 초과하는 기현상이 발생하고 있다.

※ 올해 종부세 세부담 상한

전년도 보유세(재산세+종부세)* × 300% - 올해 납부한 재산세

* 전년도 6월 1일 보유한 주택에 대한 보유세를 말함(말소된 주택도 전년도 6월 1일에 취득한 것으로 보게 됨).

2. 종부세에 대한 대책

주임사의 종부세 대책은 어떻게 될까? 주임사의 주택보유 상황별로 살펴보자.

· 임대등록을 유지한 상태라면
　→ 이 경우 종부세 합산배제를 적용받을 수 있으므로 별다른 대책이 있을 수 없다.

· 말소된 주택을 보유하고 있다면
　→ 말소된 주택과 다른 일반주택의 주택 수에 따라 종부세를 계산해보고 종부세기 과도하다면 6월 1일 전에 주택 수를 조절해야 한다. 이에는 양도나 증여 등이 있다.

※ 1인이 2주택을 보유한 경우의 종부세 과세방식
· 2채가 모두 조정대상지역에 소재한 경우 : 중과세
· 1채만 조정대상지역에 소재한 경우 : 일반과세
· 2채 모두 비조정대상지역에 소재한 경우 : 일반과세

3. 주택 수 조절 시 주의할 점

주택 수를 조절할 때에는 다음과 같은 점에 주의해야 한다.

1) 양도를 하는 경우

양도는 주로 시장을 통해 공급하는 것을 말하는데, 이때 양도세가 발생하게 된다. 이 과정에서 주의할 것들은 대략 다음과 같다.

· 임대등록 요건(기준시가 6억 원 이하 등)을 갖춘 상태에서 양도한 경우에는 장기보유특별공제와 일반세율을 적용받을 수 있다.
· 자동말소된 주택은 처분기한 없이 일반과세를 적용받는다.
· 자진말소된 주택은 말소일로부터 1년 내 양도해야 일반과세를 적용받는다.
· 1. 1~12. 31까지 2회 이상 양도하면 양도차익을 합산해 세금을 정산해야 한다. 그 결과 누진세율 적용으로 인해 세부담이 증가할 수 있다.
· 시장이 아닌 가족 등 특수관계인에게 양도 시에는 부당행위계산부인제도 등이 적용된다. 따라서 시가의 적정성 및 자금관계 등에 주의해야 한다.[4]

---

4) 특수관계인 간의 거래나 증여 등에 대한 자세한 세무내용은 저자의 《부동산 증여에 관한 모든 것》을 참조하기 바란다.

2) 증여를 선택하는 경우

증여를 하는 경우에는 증여세와 취득세 중과세에 유의해야 한다.

첫째, 증여세를 보자.

· 증여재산가액은 시가(또는 감정가)를 기준으로 책정해야 한다.
· 증여방식, 즉 채무(대출, 전세보증금)를 포함해 증여할 것인지, 아닌지를 결정해야 한다. 이때 가족 간의 매매도 같이 포함해 의사결정할 수 있다.
· 증여재산공제(6억 원, 5천만 원 등)을 고려해 증여세를 정확히 산출해야 한다.
· 증여로 취득한 부동산은 향후 5년 내 양도 시 취득가액 이월과세 등이 적용됨에 유의해야 한다.

둘째, 취득세를 보자.

· 증여자가 1세대 2주택 이상 보유한 상황에서 조정대상지역 내의 기준시가 3억 원 이상의 주택을 수증자가 증여받으면 시가표준액의 12% 이상의 취득세가 발생한다. 이때 수증자가 주택이 없더라도 중과세가 적용될 수 있다.
· 2023년 이후 무상취득분에 대해서는 시가표준액이 아닌 상증법상의 시가상당액으로 과세가 된다.

☞ 임대주택 증여에 따른 세제변화는 제7장 '심층분석'을 참조할 것

3) 임대 재등록

말소된 주택을 보유하면서 종부세를 면제받을 수 있는 유일한 길은 임대 재등록이다. 하지만 이때 다음 사항을 주의해야 한다.

- 아파트는 더 이상 등록이 안 된다. 2020년 8월 18일 이후 등록할 수 없도록 민특법이 개정되었기 때문이다.
- 아파트 외 주택들은 임대등록이 가능하지만 10년 이상 장기로만 등록이 가능하다.
- 이렇게 등록이 가능한 주택들 중 2018년 9월 14일 이후에 조정대상지역에서 취득한 주택들은 등록하더라도 종부세 면제를 받을 수 없다. 2018년 9·13대책에서 이 같은 결정을 내렸기 때문이다. 착각하기 쉬운 내용이다.

4) 용도변경

주거용 오피스텔을 임대등록한 사업자들이 이를 업무용으로 전환하는 경우가 있다. 이 경우에는 다음과 같은 점에 유의해야 한다.

- 업무용으로 전환하면 일반임대사업자로 등록해야 한다. 이 경우 일반임대사업자로서의 협력의무를 이행해야 한다.
- 거주주택 양도 시에는 최종 1주택 보유기간 리셋에 유의해야 한다. 거주주택 양도세 비과세를 받을 때 용도변경한 오피스텔이 있다면, 용도변경일로부터 2년 이상 보유 및 거주한 후에 거주주택을 양도해야 하기 때문이다. 이에 대한 내용은 제4장 '심층분석'에서 자세히 살펴본다.

거주주택에서
특히 세무리스크가 급증하는
이유와 이에 대한 대책

주임사들이 불편함이 있음에도 불구하고 임대등록에 적극적으로 나선 이유는 보유세의 절감도 있었지만, 그보다는 양도세에서 파격적인 조치가 있었기 때문이다. 대표적인 것이 바로 본인이 거주하고 있는 주택에 대한 양도세 비과세와 임대주택에 대한 중과세 적용배제 및 조특법에서 주어지는 각종 세감면조치 때문이었다. 그런데 아이러니하게도 최근 이러한 제도들에서 리스크가 크게 증가하고 있다.

예를 들어 거주주택 비과세가 안 된다든지, 중과세가 적용되는 것이 대표적이다. 다음에서는 거주주택 비과세에 대해 알아보고 나머지의 것들은 뒤에서 순차적으로 살펴보자.

1. 거주주택 비과세의 취지

1) 거주주택의 개념

여기서 거주주택은 주임사가 일상생활을 영위하는 주택으로 임대사업용과 관련이 없는 주택을 말한다.

2) 거주주택 비과세가 적용되는 이유

일반국민이 거주하고 있는 주택이 '1세대 1주택'인 경우 거주지원을 해주기 위해 비과세해준다. 주임사의 경우에도 이러한 취지하에 이 제도가 그대로 적용된다. 세법은 이의 적용을 위해 요건을 갖춘 임대주택을 거주자의 주택 수에서 제외하는 특례를 부여하고 있다.

2. 거주주택 비과세에서 리스크가 급증한 이유

원래 주임사는 다주택자에 해당한다. 하지만 등록을 통해 주택을 공급하기 때문에 일반 다주택자에서 제외해 거주주택에 대한 비과세를 해준다. 하지만 최근 부동산 대책에서는 이에 대한 혜택을 점점 축소하기에 이르렀다. 이러한 이유로 리스크가 급증하고 있다.

1) 거주주택 비과세 제한조치가 들어온 이유

주임사의 거주주택은 본인이 생활을 해야 하므로 사업자등록을 유지할 때까지 거주주택이 1세대 1주택 비과세 요건을 충족하면 비과세를 적용해주는 것이 옳은 방향일 것이다. 하지만 주택임대업에 대한 많은 세제지원으로 인해 이에 대한 수요가 폭발적으로 증가하면서 등록주택 수가 많아지고, 이에 따라 시중의 공급을 막게 되자 그 대책의 일환으로 거주주택에 대한 비과세를 제한하는 조치가 세법에 도입되었다. 대표적인 것이 다음과 같은 것이다.

> · 2019년 2월 12일 이후 취득한 주택은 생애 1회만 비과세를 적용함.

2) 거주주택 비과세에서 리스크가 급증한 이유

거주주택 비과세는 주임사가 가장 원하는 것 중 하나다. 본인이 거주하고 있는 주택에 대해 비과세가 가장 좋은 절세법이 되기 때문이다. 하지만 지금은 이에 대해 안심하고 비과세 받는 것이 힘들어지고 있다. 자세한 내용은 장을 달리해 살펴보겠지만, 우선 리스크가 급증한 이유 몇 가지만 살펴보자.

첫째, 거주주택에 대한 비과세 판단 자체가 힘들기 때문이다.

· 거주주택 비과세는 기본적으로 다음과 같이 세 가지의 규정을 종합해 최종적인 판단을 해야 한다.

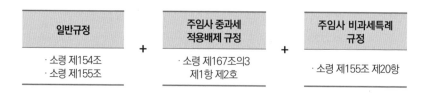

일반규정부터 특례규정까지 완벽히 이해해야 비과세를 적용받을 수 있는데, 이를 실무에 적용하는 것이 어렵다. 대표적인 것 몇 개만 열거하면 다음과 같다.

· 거주주택 생애 1회의 적용대상은 2019년 2월 12일 이후 취득한 것이지만 그 이전에 비과세를 받은 적이 있다면, 이날 이후에 취득한 것은 비과세를 받을 수 없다. 이를 역으로 얘기한다면 2019년 2월 12일 이전에 취득한 것들은 생애 2회 이상도 비과세가 가능하다. 이처럼 1회의 적용 여부를 두고 혼란이 가중되고 있다.

· 임대주택 외 일반주택이 2주택(일시적 2주택 제외) 이상인 상태에서 주택 수를 줄여 1세대 1주택으로 비과세 받을 때에는 보유기간과 거주기간을 다시 채워야 한다는 것에도 주의해야 한다. 주임사의 거주주택 비과세도 소령 제154조의 제5항을 적용받기 때문이다.

· 거주주택이 재건축 등으로 입주권 상태에서는 비과세를 적용받지 못하는 것으로 해석하고 있다. 즉 일반규정에서는 입주권 비과세를 해주지만 주임사의 입주권에 대해서는 이러한 혜택을 주지 않는다. 이러한 태도는 임대주택이 재건축 등에 의해 입주권으로 전환 될 때도 같은 개념이 적용되어 당사자들을 곤혹스럽게 하고 있다.

둘째, 최근 말소제도 등의 도입으로 비과세 요건이 흔들리고 있기 때문이다.

임대주택에 관련된 대표적인 법률에는 민특법이 있고 세법이 있다. 전자에서는 임대주택을 '장기일반민간임대주택'으로 사용하나, 세법은 다음과 같이 이에 대한 용어를 사용하고 있다.

· 소득세법 : 장기임대주택
· 조특법 : 장기일반민간임대주택

그런데 여기서 장기임대주택은 중과세 배제를 적용하고 있는 소령 제167조의3 제1항과 거주주택 비과세를 규정하고 있는 소령 제155조 제20항에서 일부에서 요건 차이가 있다.

· 소령 제167조의3 제1항 : 아래 요건을 충족하면 중과세 적용배제
  - 등록 시 기준시가 6억(3억) 원 이하, 임대의무기간이 5년(8년) 등의 요건을 갖춘 임대주택은 중과배제함.
· 소령 제155조 제20항 : 소령 제167조의3 제1항의 임대주택(단, 등록시기 불문)과 아래의 요건을 동시 충족 시 거주주택 비과세를 적용함.
  - '양도일 현재' 법 제168조에 따라 사업자등록을 하고, 장기임대주택을 민간임대주택으로 등록하여 임대하고 있으며, 임대보증금 또는 임대료의 증가율이 100분의 5를 초과하지 않을 것

앞에서 보면 거주주택 비과세는 '거주주택의 양도일 현재'까지

관할 세무서 및 관할 구청에서의 등록유지를 요구하고 있고 임대료 증액 제한 등의 요건을 충족하도록 하고 있는데, 자동말소나 재건축 등에 의해 이러한 요건이 흔들리면서 각종 리스크가 급증한다. 양도일 현재 임대등록이 말소되면서 근본적으로 여러 가지 요건들이 변할 수밖에 없기 때문이다.

셋째, 과세당국의 해석도 한몫을 하고 있기 때문이다.

등록말소제도가 도입됨에 따라 평온하던 거주주택 비과세제도가 전혀 다른 제도가 된 것처럼 되어버린 이유에는 과세당국의 유권 해석도 한몫하고 있다고 해도 과언이 아니다. 예를 들어 말소된 주택을 모두 처분해 임대주택이 1채도 없는 상태에서 거주주택을 양도하면 바로 비과세를 받을 수 없도록 하거나 말소 후에도 임대료 상한율을 지키지 않으면 비과세를 제한하는 것도 대부분 납세자들에게 불리한 해석에 해당한다. 이러한 현상이 발생하는 이유는 소령 제155조 제20항 제2호에 있는 "(거주주택) 양도일 현재"를 기준으로 장기임대주택에 대한 요건을 판단하고 있기 때문이다.

즉 거주주택 양도일 현재
- 관할 세무서에 등록을 하고 있어야 하고
- 관할 지자체에도 등록을 유지하고 하고
- 임대료 상한율도 지켜야 한다는 것이다.

하지만 납세자가 위와 같은 요건을 지키고 싶어도 자동말소가 되면 관할 지자체에서 등록이 말소되었으므로 이 요건을 지킬 수가 없게 된다. 이처럼 자동말소는 곧 임대사업자로의 지위를 상실하게 되는 법률적인 사건임에도 불구하고 임대기간을 제외한 다른 요건 등을 지켜야 한다는 식으로 해석을 하고 있는데 이는 주임사들에게 상당히 불리한 영향을 미치고 있는 것이다.

☞ 이러한 불합리함으로 인해 최근 기재부에서는 예규(기재부 재산세제과-151, 2022. 1. 24)를 발표해 자진·자동말소 후에는 사업자등록 유지 및 임대료 5% 증액제한 준수의무를 적용하지 않도록 했다.[5]

3. 거주주택 비과세 리스크를 줄이는 대책

거주주택 비과세는 주임사로서는 반드시 누려야 할 혜택에 해당한다. 비과세와 과세의 차이는 매우 크기 때문이다. 그렇다면 어떻게 대책을 꾸려야 할까? 자세한 것은 뒤에서 살펴보겠지만 우선 대략적인 내용만 정리해보자.

첫째, 민특법을 정확히 이해해야 한다.
거주주택 비과세나 양도세 중과배제 등은 모두 민특법의 목적 달성을 위해 이를 지원하기 위해 존재한다. 따라서 주임사는 무조건 민특법의 내용을 이해해야 한다. 이 책에서는 아래의 내용을 제2장에서 살펴본다.

---

5) 이에 대한 예규는 115페이지에서 살펴본다.

· 임대주택의 종류

· 임대등록제도

· 등록말소제도

· 임대의무기간

· 임대료 상한 등

둘째, 비과세 적용 요건을 정확히 이해해야 한다.

앞에서 보았듯이 주임사의 거주주택 비과세는 세 가지 규정을 정확히 이해해야 판단이 가능하다. 다시 한 번 나열하면 다음과 같다.

· 소령 제154조, 제155조 : 일반인들에 대한 1세대 1주택(일시적 2주택) 비과세 범위

· 소령 제167조의3 제1항 제2호 : 중과배제되는 장기임대주택의 범위

· 소령 제155조 제20항 : 주임사의 거주주택 비과세특례

☞ 이 책은 '민특법의 이해 → 거주주택 비과세 → 양도세 중과배제 → 조특법상 과세특례 → 재건축·건설임대주택 이슈 등'의 순으로 내용을 전개한다.

셋째, 신고법과 사후관리에 유의해야 한다.

거주주택 비과세는 주임사의 신청에 의해 혜택이 주어지는 만큼 이에 대한 신고방법에도 유의해야 한다. 그리고 거주주택 비과세를 받은 후라도 임대 요건을 정확히 지켜야 사후적으로 문제가 없다는 점도 점검해야 한다. 특히 말소된 주택의 처분과 일반주택의 상관관계에 대해서도 지속적인 관심을 두어야 한다.

04 임대주택 중과세 적용배제와 이에 대한 대책

등록한 임대주택이 법에서 정한 의무를 모두 이행했다면 중과세를 적용하면 안 될 것이다. 중과세를 적용하면 등록할 이유가 없기 때문이다. 하지만 임대등록을 했지만 중과세 적용배제를 받지 못한 일들이 자주 발생하고 있어 이에 대한 리스크가 증가하고 있다. 왜 이러한 현상이 발생하는지 그리고 이에 대한 대책은 무엇인지 살펴보자.

1. 임대주택 중과세 적용배제의 내용

소령 제167조의3 제1항 제2호에서는 다음과 같은 요건을 충족한 임대주택에 대해서는 양도세 중과세를 적용배제한다. 이 항 제2호에서는 가목에서 사목까지 7개의 유형을 정하고 있는데, 이 중 가목에 있는 내용을 위주로 살펴보자.

- 민특법 제2조 제3호에 따른 민간매입임대주택을 1호 이상 임대하고 있는 거주 자가
- 5년 이상 임대한 주택으로서
- 해당 주택 및 이에 부수되는 토지의 기준시가의 합계액이 해당 주택의 임대개시 일 당시 6억 원(수도권 밖의 지역인 경우에는 3억 원)을 초과하지 않고
- 임대보증금 또는 임대료의 증가율이 100분의 5를 초과하지 않는 주택(임대료 등 의 증액 청구는 임대차계약의 체결 또는 약정한 임대료등의 증액이 있은 후 1년 이내에는 하지 못하고, 임대사업자가 임대료 등의 증액을 청구하면서 임대보증금과 월 임대료를 상 호 간에 전환하는 경우에는 민특법 제44조 제4항의 전환 규정을 준용한다).
- 다만, 2018년 3월 31일까지 사업자등록등을 한 주택으로 한정한다(2020.02.11 개정).

위 가목은 2018년 3월 31일 이전에 등록한 주임사에 대한 중과세 를 적용배제하는 것으로 '관할 지자체 등록+관할 세무서 사업자등 록+5년 이상 임대+등록 시 기준시가 6억(3억) 원 이하+임대료 증 가율 5% 이내'의 요건을 충족한 후에 양도하면 중과세를 적용하지 않겠다는 것을 말한다.

2. 임대주택 중과세 적용배제 관련 리스크가 급증한 이유

임대주택 중과세 적용배제는 소령 제167조의3 제1항 가목에서 사목에서 규정하고 있어 여기서 제시된 요건만 충족하면 별 탈 없 이 중과세 적용배제를 적용받을 수 있다. 하지만 실무적으로 중과 배제를 적용받는 것이 어려운데 그 이유를 한마디로 정리하면, 부 동산 대책에 따라 중과배제 요건이 달라졌기 때문이다. 특히 2020

년 8월 18일에 시행된 자동말소 등의 제도도 이에 대한 리스크를 증가시키는데 한몫을 하고 있다. 이하에서는 주로 매입임대주택을 위주로 살펴보자. 건설임대주택은 규제의 대상에서 비켜나 있으므로 비교적 쉽게 판단할 수 있다(건설임대주택은 제9장 참조).

1) 부동산 대책에 따른 중과배제 요건의 변화

① 2018년 3월 31일 이전에 등록을 마친 주임사는
 - 4년, 8년 중 하나로 등록
 - 등록 시 6억(3억) 원 이하
 - 임대료 5% 이내에서 올리고(2019. 2. 12 이후 계약분부터 적용)
 - 5년 이상 임대하면 중과세를 적용배제한다.

② 2018년 4월 1일 이후에 등록한 주임사는
 - 민특법에 따른 8년 장기일반민간임대주택으로 등록
 - 등록 시 6억(3억) 원 이하
 - 임대료 5% 이내에서 올리고(2019. 2. 12 이후 계약분)
 - 8년 이상 임대하면 중과세를 적용배제한다.

☞ 앞의 ①과 ②의 가장 큰 차이는 전자는 4년 단기임대나 8년 장기임대를 불문하지만, 후자의 경우에는 8년 장기로 등록한 경우만 이를 인정한다는 것이다. 따라서 단기에서 장기로 변경한 경우를 제외하고 단기를 선택한 후에 8년 이상을 임대하더라도 여전히 중과세가 적용될 수 있다. 이렇게 한 이유는 정부의 정책에서 장기임대등록을 유도했기 때문이다.

③ 2018년 9월 14일 이후 조정대상지역에서 주택을 취득해 등록
   한 주임사는
   - 이날 이후에 취득한 주택들(다세대주택 등 포함)은 더 이상 중
     과배제를 받지 못하도록 세법이 개정되었다(2018년 9·13대책).

④ 2020년 8월 18일 이후에 등록한 주임사는
   - 아파트를 제외한 주택으로서
   - 민특법에 따른 10년 장기일반민간임대주택으로 등록
   - 등록 시 6억(3억) 원 이하
   - 임대료 5% 이내에서 올리고
   - 10년 이상 임대하면 중과세를 적용배제한다(단, 이 경우에도
     앞의 ③에 해당하면 중과배제를 적용받지 못한다).

2) 말소제도에 따른 중과세 적용배제요건 변화

임대주택에 대한 양도세 중과배제에 대한 요건이 앞과 같이 변
했더라도 등록 시 요건 정도만 분별할 수 있다면 이에 대한 판단을
어렵지 않게 할 수 있다. 하지만 2020년 8월 18일에 4년 단기임대
와 8년 장기임대 중 아파트에 한해 자동말소 등이 도입되면서 앞
에서 본 요건들을 두고 해석이 갈리면서 이에 대한 리스크가 급증
하고 있다. 대표적인 것이 임대료 상한 5%에 대한 준수 요건이다.

· 임대료 5% 이내에서 올릴 것(2019. 2. 12 이후 계약분)

즉 말소 후에 임대료를 5% 초과해서 올리는 경우 이의 요건을

위배한 것인지에 대한 다툼이 있다. 이때 5%를 '1년 단위'로 올릴 수 있는지도 쟁점이 되고 있다. 이에 대한 자세한 분석은 제3장 등에서 한다.

3. 임대주택 중과세 적용배제 관련 리스크 줄이는 방법

임대주택 중과세 적용배제와 관련해서 발생하는 리스크는 앞에서 본 거주주택 비과세의 리스크보다는 난도가 훨씬 약하다. 소령 제167조의3 제1항 제2호의 내용만 충실히 이해하면 되기 때문이다. 하지만 부동산 대책이 나오면서 요건이 자주 바뀌는 바람에 이러한 내용을 꿰차고 있지 못하면 리스크가 상존할 수밖에 없다. 이러한 관점에서 리스크를 줄이는 방법을 정리해보자.

첫째, 부동산 대책에 따른 중과배제 요건을 정확히 이해하자.[6]
· **부동산 대책 전(2018년 3월 31일 이전)** : 장단기 중 하나로 등록+6억(3억) 원 이하+5년 이상 임대+5% 임대료 요건 준수
· **1차 부동산 대책(2018년 4월 1일)** : 장기(8년) 등록+기준시가 요건+8년 이상 임대+임대료 요건 준수
· **2차 부동산 대책(2018년 9월 13일)** : 조정대상지역 취득분은 무조건 양도세 중과세(무조건 종부세 과세)
· **3차 부동산 대책(2019년 12월 16일)** : 중과배제 관련 내용은 없음.

---

6) 이러한 요건은 주임사의 종부세 합산배제의 요건과 같다.

· **4차 부동산 대책(2020년 7월 10일)** : 아파트 외 장기(10년) 등록+기준시가 요건+10년 이상 임대+임대료 요건 준수

둘째, 말소된 주택을 보유한 경우에는 자동말소인지, 자진말소인지의 여부에 따라 처분기한이 달라진다는 점을 유의해야 한다. 이외 임대료 상한율은 가급적 지키는 것이 안전할 것으로 보인다. 물론 저자의 경우 이 부분에 대해서는 다른 견해를 가지고 있다. 이에 대해서는 제3장 등에서 의견을 피력할 것이다.

· 자동말소 : 처분기한 없이 중과배제
· 자진말소 : 말소일로부터 1년 내 처분해야 중과배제

셋째, 중과배제 요건과 거주주택 비과세의 요건과의 관련성을 이해해야 한다.

구체적으로 거주주택 비과세는 소령 제167조의3 제1항 제2호의 장기임대주택에 대한 중과배제 요건을 준용하고 있다. 다만, 이 규정상의 '장기임대주택'에 대한 요건을 그대로 준용하는 것이 아니라 다음과 같은 식으로 변형해 사용하고 있다.

· 관할 지자체에 임대등록(장단기 불문)하고 관할 세무서에 사업자등록할 것
· 기준시가가 6억 원, 3억 원 이하일 것
· 등록 후 5년 이상 의무임대할 것
· 임대 중 임대료 상한 5%룰을 준수할 것

예를 들어 2018년 4월 1일에 등록한 경우 8년 장기로만 등록해야 임대주택에 대한 중과를 적용배제하지만, 소령 제155조 제20항에 따른 거주주택 비과세는 장단기 불문하고 5년 이상 임대하면 이를 적용받을 수 있다. 또한 2018년 9월 14일 이후에 조정대상지역의 주택을 취득해 임대등록한 경우라도 중과세가 적용되지만, 거주주택 비과세는 받을 수 있다. 전자는 소령 제167조의3 제1항, 후자는 소령 제155조 제20항에 따라 적용되기 때문이다.

☞ 이처럼 중과배제와 거주주택 비과세는 규정이 다르고 그에 따라 요건이 각각 다르다는 점을 이해할 수 있다면 향후 전개되는 내용이 쉽게 이해될 것이다.

Tip 조특법상 장기보유특별공제 특례와 양도세 감면

앞에서 살펴본 거주주택 비과세와 양도세 중과배제는 양도세에서 리스크가 가장 큰 항목이다. 원래 규정 자체가 복잡한 데다 정부의 세제정책이 수시로 바뀜에 따라 무엇이 어떻게 달라졌는지조차 가늠하기가 힘들기 때문이다. 따라서 주임사에 대한 세제를 따라잡기 위해서는 이 둘의 제도를 중심으로 이해하는 것이 좋다. 한편 앞의 소득세법과는 달리 조세특례제한법(조특법)에서는 일정한 요건을 충족하면 장기보유특별공제를 50~70%를 적용하거나 양도세 100%를 적용하는데, 이는 조특법상의 해당 조항만 보면 어렵지 않게 내용을 파악할 수 있다. 따라서 리스크가 그렇게 크게 발생하지 않는다. 이에 대해서는 제7장에서 별도로 살펴본다.

지금까지 살펴본 바와 같이 최근 주택임대업에 자동말소와 같은 제도가 들어오면서 그간의 세제내용이 180도로 바뀌었다. 이러한 제도의 변화에 따라 수많은 임대주택이 말소되면서 다양한 문제를 일으키고 있다. 이러한 관점에서 주택임대업 세무관리는 다음과 같이 해야 할 것으로 보인다.

첫째, 자동말소가 되는 주택은 종부세 예측을 정확히 할 수 있어야 한다. 자동말소가 되면 주택 수가 증가하므로 당장 종부세에 영향을 주게 된다. 그런데 문제는 말소가 되면 전년도 보유세 과세기준일(6월 1일)에 맞춰 주택을 취득하는 것으로 보기 때문에 종부세가 크게 증가될 위험성이 있다.

둘째, 종부세가 많다고 예측이 되면 6월 1일 전에 주택 수를 줄이는 전략을 취해야 한다.
이에는 양도, 증여, 재등록 등이 있다.

셋째, 자진말소는 주임사가 선택할 수 있으므로 말소 전에 실익분석을 정확히 해야 한다. 특히 2022년 중에 양도세 중과세제도가 한시적으로 폐지될 수 있으므로 이 부분도 감안해두기 바란다(제6장 '심층분석' 참조).

☞ 참고로 신규 주택임대업에 대한 세제지원은 건설임대주택을 제외하고는 사실상 중단이 되었다. 따라서 신규등록은 가급적 지양하고, 말소된 주택은 주택 수를 줄이는 쪽으로 방향을 잡는 것이 좋다. 현재의 세제환경이 우호적이지 않고, 또 거주주택 비과세도 생애 1회밖에 적용되지 않기 때문이다.[7]

---

7) 만일 양도세 비과세를 더 받고 싶다면 일반규정에 의해 비과세를 받아야 한다. 따라서 이를 위해서는 모든 임대주택을 처분해야 한다.

※ 주택임대업 세무 등 스케줄

구분	내용
관할 지자체	· 관할 지자체 등록 : 주소지 관할(렌트홈) · 표준계약서 제출 : 3개월 내 · 계약내용 변경 신고 : 3개월 내 · 관할 지자체 양도신고 : 임대주택 양도 시

▼

관할 세무서	
사업자 등록	· 관할 세무서 등록 : 주소지 관할 ※ 자동말소 시 세무서 사업자 등록은 유지해야 함.

▼

원천세 신고	· 근로소득, 사업소득, 배당소득, 이자소득, 기타소득 등 지급 시 원천징수 후 신고 · 매월 또는 분기별 단위로 신고

▼

부가가치세 신고	· 과세사업자(1년에 2회, 7월 25일, 1월 25일) · 면세사업자는 아래 사업장현황신고

▼

사업장현황 신고	· 면세사업자의 수입 등 신고 · 다음 해 2월 10일

▼

종합소득세 신고	· 모든 사업자가 신고 · 다음 해 5월 1~31일(성실신고 6월 30일까지) ※ 법인은 다음 해 3월에 일반법인세 신고

▼

양도세 신고	· 양도가 발생한 경우 2개월 내 신고 · 거주주택 비과세도 신고해야 함. ※ 법인은 다음 해 3월에 추가법인세 신고

제 **2** 장

민간임대주택법에 관한 특별법_{민특법}의 이해

01
민특법이
중요한 이유

이제 민간임대주택에 관한 특별법(이하 민특법)을 이해해보자. 이 법이 중요한 이유는 이 법에서 정한 내용을 세법에서 그대로 차용하거나, 아니면 이를 변형해 세제에 적용하고 있기 때문이다. 따라서 주임사의 양도세 등을 제대로 이해하기 위해서는 이 법을 제대로 이해해야 한다.

1. 이 법의 제정목적

이 법은 민간임대주택의 건설·공급 및 관리와 민간주택임대사업자 육성 등에 관한 사항을 정함으로써 민간임대주택의 공급을 촉진하고 국민의 주거생활을 안정시키는 것을 목적으로 한다.

☞ 이 법의 목적을 달성할 수 있도록 세제지원을 하고 있다. 따라서 주임사에 대한 세제를 이해하려면 민특법에 대한 전반적인 내용을 알아두어야 한다.

2. 민간임대주택의 종류

민특법 제2조에서는 민간임대주택 등에 대해 다음과 같이 정의를 내리고 있다.

① '민간임대주택'이란 임대 목적으로 제공하는 주택[8]으로 임대사업자가 제5조에 따라 등록한 주택을 말하며, 민간건설임대주택과 민간매입임대주택으로 구분한다.

② '민간건설임대주택'이란 다음 각 목의 어느 하나에 해당하는 민간임대주택을 말한다.

가. 임대사업자가 임대를 목적으로 건설하여 임대하는 주택
나. 주택법 제4조에 따라 등록한 주택건설사업자가 같은 법 제15조에 따라 사업계획승인을 받아 건설한 주택 중 사용검사 때

---

8) 토지를 임차하여 건설된 주택 및 오피스텔 등 대통령령으로 정하는 준주택(85㎡ 이하 등) 및 대통령령으로 정하는 일부만을 임대하는 주택을 포함한다. 후자의 경우 건축법 시행령 별표 1 제1호 다목에 따른 다가구주택으로서 임대사업자 본인이 거주하는 실(室, 한 세대가 독립하여 구분 사용할 수 있도록 구획된 부분을 말한다)을 제외한 나머지 실 전부를 임대하는 주택을 말한다.

까지 분양되지 아니하여 임대하는 주택

☞ 세법상 건설임대주택은 사용승인이 나기 전에 주택임대사업자등록을 한 주택을 말한다.[9]

③ '민간매입임대주택'이란 임대사업자가 매매 등으로 소유권을 취득하여 임대하는 민간임대주택을 말한다.

④ '공공지원민간임대주택'이란 임대사업자가 다음 각 목의 어느 하나에 해당하는 민간임대주택을 10년 이상 임대할 목적으로 취득하여 이 법에 따른 임대료 및 임차인의 자격 제한 등을 받아 임대하는 민간임대주택을 말한다.

☞ 이 책에서는 공공지원민간임대주택에 대해서는 다루지 않는다.

⑤ '장기일반민간임대주택'이란 임대사업자가 공공지원민간임대주택이 아닌 주택을 10년 이상 임대할 목적으로 취득하여 임대하는 민간임대주택[아파트(주택법 제2조 제20호의 도시형 생활주택이 아닌 것을 말한다)를 임대하는 민간매입임대주택은 제외한다]을 말한다.

---

9) 양도세 집행기준 104-167의3-17 [다가구주택의 건설임대주택 해당 여부]
민특법에 따른 건설임대주택의 임대사업자 요건은 단독주택 1호 이상, 공동주택 1세대 이상이고, 다가구주택이 건설임대주택의 임대 요건을 충족하기 위해서는 1동 이상의 다가구주택을 건설하여 소유권보존등기일 전까지 임대사업자 등록을 하여야 한다.

☞ 2020년 8월 18일 이후부터 등록이 가능한 임대주택의 유형을 말한다. 아파트는 등록할 수 없게 되었다. 이 규정에 의해 앞으로는 10년 장기임대로만 등록이 가능하다(종전은 4년, 8년 등이 있었다). 참고로 아파트형 도시형 생활주택은 규제의 대상에서 제외되어 등록 가능하다.

3. 다른 법률과의 관계

민특법 제3조에서는 다음과 같이 다른 법률관계를 정하고 있다.

민간임대주택의 건설·공급 및 관리 등에 관하여 이 법에서 정하지 아니한 사항에 대하여는 주택법, 건축법, 공동주택관리법 및 주택임대차보호법을 적용한다.

☞ 즉 민특법에서 정한 내용이 있다면 이 부분이 우선 적용되고 여기에 내용이 없다면 다른 법을 적용한다는 것이다. 대표적인 것이 바로 임대료에 관한 것이다. 예를 들어 민특법 제44조 제2항과 제3항에서는 임대료 증액 청구는 임대차계약 또는 약정한 임대료의 증액이 있은 후 1년 이후에 5% 내에서 하도록 하고 있는데, 여기에 없는 내용에 대해서는 주택임대차보호법을 적용해야 한다. 임대료 증액 제한 규정은 민특법과 세법상 핵심적인 내용에 해당한다.

02
임대사업자의 등록과
거부 그리고 말소

관할 지자체에 임대사업자등록은 세제지원의 출발점이 된다. 등록하지 않은 채 임대를 하면 이는 일반주택을 보유한 것으로 보아 각종 세제지원을 받을 수 없다. 여기서 등록의 중요성을 알 수 있다. 그런데 최근에 이렇게 등록한 주택들에 대해 자동말소와 자진말소제도가 도입되었다. 이 부분이 상당히 중요하다.

1. 임대사업자의 등록과 거부

민특법 제5조에서는 다음과 같이 임대등록에 대한 내용을 정하고 있다.

1) 임대등록 신청

① 주택을 임대하려는 자는 특별자치시장·특별자치도지사·시장·군수 또는 구청장(구청장은 자치구의 구청장을 말하며, 이하 '시장·군수·구청장'이라 한다)에게 등록을 신청할 수 있다.

② 제1항에 따라 등록하는 경우 다음 각 호에 따라 구분하여야 한다. 〈개정 2018. 1. 16, 2020. 8. 18〉
1. 삭제 〈2018. 1. 16〉
2. 민간건설임대주택 및 민간매입임대주택
3. 공공지원민간임대주택, 장기일반민간임대주택

☞ 2020년 8월 18일 이후부터는 10년 장기일반민간임대주택에 대한 등록을 허용하고 있다. 단, 아파트는 등록할 수 없다.

③ 제1항에 따라 등록한 자가 그 등록한 사항을 변경하고자 할 경우 시장·군수·구청장에게 신고하여야 한다. 다만, 임대주택 면적을 10퍼센트 이하의 범위에서 증축하는 등 국토교통부령으로 정하는 경미한 사항은 신고하지 아니하여도 된다. 〈개정 2020. 6. 9〉

④ 시장·군수·구청장은 제3항에 따른 신고를 받은 날부터 7일 이내에 신고수리 여부를 신고인에게 통지하여야 한다. 〈신설 2020. 6. 9〉

⑤ 시장·군수·구청장이 제4항에서 정한 기간 내에 신고수리 여

부 또는 민원 처리 관련 법령에 따른 처리기간의 연장을 신고인에게 통지하지 아니하면 그 기간(민원 처리 관련 법령에 따라 처리기간이 연장 또는 재연장된 경우에는 해당 처리기간을 말한다)이 끝난 날의 다음 날에 신고를 수리한 것으로 본다. 〈개정 2020. 8. 18〉

⑥ 제1항부터 제5항까지에 따른 등록 및 신고의 기준과 절차 등에 필요한 사항은 대통령령으로 정한다. 〈개정 2020. 6. 9〉

2) 등록신청의 거부

민특법 제5조 제7항에서는 관할 지자체가 사전에 등록을 거부할 수 있는 권한을 부여하고 있다. 따라서 관할 지자체를 통해 등록 가능 여부를 타진할 필요가 있다. 등록하고 싶어도 받아주지 않는 경우가 많기 때문이다.

⑦ 시장·군수·구청장이 제1항에 따라 등록신청을 받은 경우 다음 각 호의 어느 하나에 해당하는 때에는 해당 등록신청을 거부할 수 있다. 〈신설 2020. 8. 18〉

1. 해당 신청인의 신용도, 신청 임대주택의 부채비율(등록 시 존속 중인 임대차계약이 있는 경우 해당 임대보증금을 포함하여 산정하고, 임대차계약이 없는 경우에는 등록을 신청하려는 자로부터 등록 이후 책정하려는 임대차계약의 임대보증금의 상한을 제출받아 산정한다) 등을 고려하여 제49조에 따른 임대보증금 보증가입이 현저히 곤란하다고 판단되는 경우

2. 해당 주택이 도시 및 주거환경정비법 제2조 제2호에 따른 정비사업 또는 빈집 및 소규모주택 정비에 관한 특례법 제2조 제1항 제3호에 따른 소규모주택정비사업으로 인하여 제43조의 임대의무기간 내 멸실 우려가 있다고 판단되는 경우

☞ 임대보증금 보증가입이 곤란하거나 등록 후 10년 내 재건축 등의 이유로 멸실될 가능성이 있는 경우 등은 등록을 거부할 수 있다.

3) 임대사업자의 결격사유

민특법 제5조의6에서는 다음 각 호의 어느 하나에 해당하는 자는 제5조에 따른 임대사업자로 등록할 수 없다. 법인의 경우 그 임원 중 다음 각 호의 어느 하나에 해당하는 사람이 있는 경우에도 또한 같다. 〈개정 2021. 9. 14〉

1. 미성년자
2. 제6조 제1항 제1호, 제4호, 제7호부터 제10호까지, 제12호 및 제13호에 따라 등록이 전부 말소된 후 2년이 지나지 아니한 자

2. 임대사업자 등록의 말소

민특법 제6조에서는 임대사업자 등록의 말소제도를 두고 있다. 이 제도가 세법에 미치는 영향은 아주 지대하므로 해당 내용을 잘

알아두어야 한다. 이 중 자동말소와 자진말소와 관련된 내용을 조금 더 관심을 가져보자. 자동말소 등과 세법의 관계에 대해서는 제3장에서 다룬다.

① 시장·군수·구청장은 임대사업자가 다음 각 호의 어느 하나에 해당하면 등록의 전부 또는 일부를 말소할 수 있다. 다만, 제1호에 해당하는 경우에는 등록의 전부 또는 일부를 말소하여야 한다. 〈개정 2020. 6. 9, 2020. 8. 18, 2021. 3. 16, 2021. 9. 14〉

1. 거짓이나 그 밖의 부정한 방법으로 등록한 경우
2. 임대사업자가 제5조에 따라 등록한 후 대통령령으로 정하는 일정 기간 안에 민간임대주택을 취득하지 아니하는 경우
3. 제5조 제1항에 따라 등록한 날부터 3개월이 지나기 전(임대주택으로 등록한 이후 체결한 임대차계약이 있는 경우에는 그 임차인의 동의가 있는 경우로 한정한다) 또는 제43조의 임대의무기간이 지난 후 등록말소를 신청하는 경우
4. 제5조 제6항의 등록기준을 갖추지 못한 경우
5. 제43조 제2항 또는 제6항에 따라 민간임대주택을 양도한 경우
6. 제43조 제4항에 따라 민간임대주택을 양도한 경우
7. 제44조에 따른 임대조건을 위반한 경우
8. 제45조를 위반하여 임대차계약을 해제·해지하거나 재계약을 거절한 경우
9. 제50조의 준주택에 대한 용도제한을 위반한 경우
10. 제48조 제1항 제2호에 따른 설명이나 정보를 거짓이나 그 밖

의 부정한 방법으로 제공한 경우

11. 제43조에도 불구하고 종전의 민특법(법률 제17482호 민특법 일부개정법률에 따라 개정되기 전의 것을 말한다) 제2조 제5호의 장기일반민간임대주택 중 아파트(주택법 제2조 제20호의 도시형 생활주택이 아닌 것을 말한다)를 임대하는 민간매입임대주택 또는 제2조 제6호의 단기민간임대주택에 대하여 임대사업자가 임대의무기간 내 등록말소를 신청(신청 당시 체결된 임대차계약이 있는 경우 임차인의 동의가 있는 경우로 한정한다)하는 경우

☞ 이는 임대의무기간 전이라도 등록자의 신청에 의해 자진말소를 할 수 있는 제도를 말한다. 민특법에서는 언제든지 말소할 수 있도록 하고 있다. 다만, 임차인이 있는 경우에는 이들의 동의를 전제하고 있다. 참고로 민특법은 이러한 동의조건만 지키면 과태료 없이 말소를 허용해주지만, 세법상 자진말소를 통해 양도세 중과배제 등을 적용받으려면 임대의무기간의 1/2 이상 임대하고 말소일로부터 1년 내 처분해야 한다는 요건을 지켜야 한다.

12. 임대사업자가 보증금 반환을 지연하여 임차인의 피해가 명백히 발생하였다고 대통령령으로 정하는 경우

13. 제46조에 따른 임대차계약 신고 또는 변경 신고하지 아니하여 시장·군수·구청장이 제61조 제1항에 따라 보고를 하게 하였으나 거짓으로 보고하거나 3회 이상 불응한 경우

14. 제49조 제1항에 따른 임대보증금에 대한 보증에 가입하지 아니한 경우로서 대통령령으로 정하는 경우

15. 그 밖에 민간임대주택으로 계속 임대하는 것이 어렵다고 인정하는 경우로서 대통령령으로 정하는 경우

② 시장·군수·구청장은 제1항에 따라 등록을 말소하는 경우 청문을 하여야 한다. 다만, 제1항 제3호, 제5호 및 제6호의 경우는 제외한다.

③ 시장·군수·구청장은 제1항에 따라 등록을 말소하면 해당 임대사업자의 명칭과 말소 사유 등 필요한 사항을 공고하여야 한다.

④ 임대사업자가 제1항 제3호에 따라 등록말소를 신청하거나 제2항에 따른 청문 통보를 받은 경우 7일 이내에 그 사실을 임차인에게 통지하여야 한다.

⑤ 종전의 민특법 제2조 제5호에 따른 장기일반민간임대주택 중 아파트(주택법 제2조 제20호의 도시형 생활주택이 아닌 것을 말한다)를 임대하는 민간매입임대주택 및 제2조 제6호에 따른 단기민간임대주택은 임대의무기간이 종료한 날 등록이 말소된다. 〈개정 2020. 8. 18, 2021. 3. 16〉

☞ 2020년 8월 18일 현재를 기준으로 4년 단기임대와 8년 장기임대 중 아파트에 한해 임대의무기간이 경과하면 등록이 자동

말소된다. 부칙(법률 제17482호 제7조)에 따라 2020년 8월 18일 이전에 임대의무기간이 경과한 경우에는 2020년 8월 18일에 자동말소된 것으로 본다. 이러한 자동말소된 주택은 언제든지 양도해도 중과배제되는 것이 원칙이다. 앞의 자진말소에 비교해볼 때 요건이 완화된 것이다.

⑥ 제1항 각 호(제5호 중 제43조 제2항에 따라 민간임대주택을 다른 임대사업자에게 양도하는 경우는 제외한다) 및 제5항에 따라 등록이 말소된 경우에는 그 임대사업자(해당 주택을 양도한 경우에는 그 양수한 자를 말한다)를 이미 체결된 임대차계약의 기간이 끝날 때까지 임차인에 대한 관계에서 이 법에 따른 임대사업자로 본다.〈개정 2020. 8. 18〉

☞ 이 부분은 주의해야 할 것으로 보인다. 자진말소하거나 자동말소된 임대주택에 대한 성격을 정하고 있기 때문이다. 앞의 내용을 요약하면 다음과 같다.

- 말소된 주택을 보유하더라도 더 이상 민특법상 사업자가 아니다.
- 말소된 주택을 계속 임대하면 말소일 현재 임차인에 대한 계약이 끝날 때까지는 민특법에 따른 사업자로 본다.
- 말소된 주택을 계속 임대하면서 말소일 이후에 새롭게 체결된 계약부터는 더 이상 민특법에 따른 사업자로 보지 않는다. 따라서 이 경우 민특법에 따른 각종 의무를 이행하지 않아도 된다. 예를 들어 임대료 상한룰 준수 등이다. 그런데 세법은 자동말소 등이 된 이후에서 이러한 요건을 지키도록 요구하는 경

우가 있다. 하지만 주임사에 대한 세제지원은 사업자로 등록한 주택에 대해 이루어지는 것인 만큼 새로운 계약분까지 이를 적용하도록 하는 것은 문제가 있다. 이에 대한 자세한 분석은 제 3장에서 할 것이다.

3. 과태료

민특법에 따른 자동말소나 자진말소의 경우에는 임대의무기간 미준수에 따른 과태료가 면제된다. 또한 재건축 등에 의한 멸실 등은 부득이하므로 과태료가 없지만, 그 밖에 임대의무기간 내에 임의로 등록을 말소하면 과태료가 부과된다(과태료 내용은 이 장의 '심층분석' 참조).

Tip 말소의 종류에 따른 과태료와 세제지원의 관계 요약

구분	과태료	세제지원
자동말소	면제	○ (단, 세법상 요건 충족 전제)
자진말소	면제	○ (단, 세법상 요건 충족 전제)
직권말소	면제 (재건축 등 부득이한 사유에 해당 시)	○ (재건축 등 부득이한 사유 해당 시에 말소 전까지 지원)

03
민특법상
임대의무기간 ^{공실 포함}과 쟁점

민특법 제43조에서 규정하고 있는 임대의무기간과 제44조에서 정하고 있는 임대료에 관한 규정은 이 법에서 정하고 있는 가장 핵심적인 제도에 해당한다. 이 기간 동안 임대료를 통제함으로써 주거안정을 도모하는 것이기 때문이다. 세법도 이 부분에 초점을 두고 세제지원을 실시하고 있다. 이하에서는 임대의무기간에 대해 알아보자.

1. 민특법상 임대의무기간 등

민특법 제43조에서는 다음과 같이 임대의무기간 및 양도 등에 대해 정하고 있다.

① 임대사업자는 임대사업자 등록일 등 대통령령으로 정하는 시점[10]부터 제2조 제4호 또는 제5호의 규정에 따른 기간(이하 '임대의무기간'이라고 한다) 동안 민간임대주택을 계속 임대하여야 하며, 그 기간이 지나지 아니하면 이를 양도할 수 없다. 〈개정 2020. 8. 18, 2021. 9. 14〉

☞ 민특법에서는 임대의무기간의 시작일을 관할 지자체 등록일과 실제임대일 중 늦은 날로부터 종료일까지를 기준으로 한다. 여기서 종료일은 통상 임대의무기간이 끝나는 날(4년, 8년)이 된다. 그리고 최근 민특법이 개정되어 2020년 8월 18일부터는 10년을 말한다.

② 제1항에도 불구하고 임대사업자는 임대의무기간 동안에도 국토교통부령으로 정하는 바에 따라 시장·군수·구청장에게 신고한 후 민간임대주택을 다른 임대사업자에게 양도할 수 있다. 이 경우 양도받는 자는 양도하는 자의 임대사업자로서의 지위를 포괄적으로 승계하며, 이러한 뜻을 양수도계약서에 명시하여야 한다.

☞ 포괄적으로의 승계는 사업에 관한 권리와 의무가 그대로 사업 양수인에게 이전되는 방식을 말한다. 다만, 요즘은 자동말소

---

10) 민특법 시행령 제34조에서는 '임대사업자 등록일 등 대통령령으로 정하는 시점'을 다음과 같이 열거하고 있다. 〈개정 2017. 9. 19, 2018. 7. 16, 2020. 12. 8〉
　1. 민간건설임대주택 : 입주지정기간 개시일. 이 경우 입주지정기간을 정하지 아니한 경우에는법 제5조에 따른 임대사업자 등록 이후 최초로 체결된 임대차계약서상의 실제 임대개시일을 말한다.
　2. 민간매입임대주택 : 임대사업자 등록일. 다만, 임대사업자 등록 이후 임대가 개시되는 주택은 임대차계약서상의 실제 임대개시일로 한다.

되거나 자진말소를 할 수 있으므로 굳이 이러한 방식이 아니더라도 중도에 임대주택을 양도할 수 있게 되었다. 다만, 임차인의 동의를 얻지 못하는 경우에는 자진말소를 할 수 없으므로 이 경우에는 포괄양수도방식에 의해 양도를 해야 할 것으로 보인다(포괄승계에는 상속이나 증여도 포함하는데, 이에 대한 세제상 쟁점은 제7장 '심층분석' 등에서 다룬다).

③ 임대사업자가 임대의무기간이 지난 후 민간임대주택을 양도하려는 경우 국토교통부령으로 정하는 바에 따라 시장·군수·구청장에게 신고하여야 한다. 이 경우 양도받는 자가 임대사업자로 등록하는 경우에는 제2항 후단을 적용한다. 〈개정 2020. 6. 9〉

☞ 자동말소된 주택을 양도할 때 이러한 규정이 적용된다.

④ 제1항에도 불구하고 임대사업자는 임대의무기간 중에도 다음 각 호의 어느 하나에 해당하는 경우에는 임대의무기간 내에도 계속 임대하지 아니하고 말소하거나, 대통령령으로 정하는 바에 따라 시장·군수·구청장에게 허가를 받아 임대사업자가 아닌 자에게 민간임대주택을 양도할 수 있다. 〈개정 2020. 8. 18〉

1. 부도, 파산, 그 밖의 대통령령으로 정하는 경제적 사정 등으로 임대를 계속할 수 없는 경우[11]

---

11) 민특법 시행령 제34조
③ 법 제43조 제4항 제1호에서 '대통령령으로 정하는 경제적 사정 등'이란 다음 각 호의 어느 하나에 해당하는 경우를 말한다.
1. 2년 연속 적자가 발생한 경우
4. 관계 법령에 따라 재개발, 재건축 등으로 민간임대주택의 철거가 예정되어 있거나 민간임대주택이 철거된 경우

2. 공공지원임대주택을 20년 이상 임대하기 위한 경우로서 필요
   한 운영비용 등을 마련하기 위하여 제21조의2 제1항 제4호에
   따라 20년 이상 공급하기로 한 주택 중 일부를 10년 임대 이
   후 매각하는 경우
3. 제6조 제1항 제11호에 따라 말소하는 경우

☞ 위 제3호는 자진말소하는 경우를 말한다.

2. 민특법과 세법상 임대의무기간의 비교

민특법상 임대의무기간은 2020년 8월 18일 전후로 나누어진다.
이날 전은 단기임대와 장기임대로 등록이 가능하고 이날 이후는 장
기임대로만 등록이 가능하기 때문이다.

① 원칙
· 2020년 8월 18일 전 : 단기임대 4년, 장기임대 8년 중 선택
· 2020년 8월 18일 이후 : 장기임대 10년

② 예외
위 임대의무기간 경과 전에 신청에 의해 자진말소가 가능함.

그렇다면 세법은 임대주택에 대한 임대의무기간을 어떤 식으로
두고 있을까?

① 원칙

· 소득세법상 거주주택 비과세 : 5년

· 소득세법상 중과배제 : 5년(단, 2018년 4월 1일 이후 등록분은 8년, 2020년 8월 18일 이후 등록분은 10년)

· 조특법상 양도세 특례 : 8년, 10년

② 예외

위 거주주택 비과세와 중과배제의 경우 단기임대가 자동말소되거나 1/2 이상 임대한 후에 자진말소한 경우 임대의무기간 요건을 충족한 것으로 봄.

☞ 이처럼 세법과 민특법에서 정하고 있는 임대의무기간에서 차이가 발생하고 있음에 유의해야 한다. 참고로 민특법의 임대의무기간 기산일은 '관할 지자체 등록일과 실제 임대개시일' 중 늦은 날이지만, 세법은 '이들과 관할 세무서 등록일' 중 가장 늦은 날을 말한다. 다만, 자동말소나 자진말소 시 세법은 민특법상의 임대의무기간을 준용하고 있다(제3장 참조).

Tip 임대주택의 공실에 대한 민특법과 세법의 취급

민특법과 세법은 법에서 정해진 임대의무기간 동안 안정적인 주거지원을 목적으로 운영되고 있다. 그런데 임대의무기간 동안 공실이 발생하면 이러한 취지가 무색해지므로 이에 대한 내용을 정하고 있는 것이 어쩌면 당연할지도 모른다. 이에 관한 각 법의 태도를 정리해보자.

· **민특법** : 이에 대해서는 별도로 규정한 것이 없음. 등록이 유지되면 계속 임대한 것으로 보는 것이 원칙임. 다만, 민특법 제67조 제1항 제1호에서는 제43조 제1 항을 위반해 임대의무기간 중에 민간임대주택을 임대하지 아니한 자에 대해서는 임대주택당 3천만 원의 과태료를 부과하도록 하고 있음.

· **소득세법**
  - **거주주택 비과세** : 명시적으로 규정한 바가 없음.[12]
  - **양도세 중과세** : 임대의무기간 계산 중 3개월 미만은 계속 임대한 것으로 본다는 규정은 있음(소령 제167조의 소령 ③ 제1항 제2호의 규정에 의한 장기임대주택의 임대기간의 계산은 조특령 제97조의 규정을 준용한다). 하지만 이를 벗어나면 중과세를 적용한다는 규정은 없음. 최근에 도입된 자동말소 등은 임대의무기간 중 공실 여부를 따지지 않고 임대의무기간을 충족한 것으로 보기 때문에 3개월을 벗어난다고 해서 중과세를 적용하겠다는 발상은 허용되지 않음.

· **종부세법** : 기존 임차인의 퇴거일부터 다음 임차인의 입주일까지의 기간이 2년 이내인 경우에는 계속 임대하는 것으로 봄(시행령 제7항 제4호).

· **조특법상 장기보유특별공제 50~70% 특례** : 기존 임차인의 퇴거일부터 다음 임차인의 입주일까지의 기간으로서 3월 이내의 기간은 계속 임대한 것으로 봄. 이 기간을 벗어나면 해당 기간은 임대기간에서 제외함(조특법 제97조의3 제4항, 동법 시행령 제97조 제5항 제5호).[13]

---

12) '임대의무호수를 임대하지 않은 기간(이 항 각 호 외의 부분에 따라 계산한 기간을 말한다)이 6개월을 지난 경우는 임대기간 요건을 갖춘 것으로 보지 않는다.' → 이 규정은 임대 요건 중 임대호수 요건이 2채 이상인 경우 1채를 임대한 후에 다른 1채를 6개월이 지난 후에 임대등록한 경우 임대기간 요건을 갖추지 않는 것으로 본다는 것을 의미하는 것으로 보인다. 그런데 최근에는 임대호수가 1채 이상이면 이에 대한 요건을 충족한 것이므로 이의 규정은 현재 상태에는 큰 의미가 없다고 판단된다.
13) 이 기간을 벗어나면 이 규정을 적용하지 않는다는 것을 의미하는 것이 아니라, 이 기간을 제외하고 임대의무기간을 계산해야 한다는 것을 말한다.

· **조특법상 양도세 100% 감면** : 기존 임차인의 퇴거일부터 다음 임차인의 주민
등록을 이전하는 날까지의 기간으로서 6개월 이내의 기간은 계속 임대한 것으
로 봄. 이 기간을 벗어나면 해당 기간은 임대기간에서 제외함(조특법 제97조의5
제1항 제1호).

☞ 앞에서 검토한 것처럼 등록한 임대주택에서 공실이 발생한 경우 이에 대한 세
무상 쟁점이 있는바, '공실'에 대해서는 그렇게 크게 신경을 쓰지 않아도 될 것
으로 판단된다.

그 이유는 조특법 정도에서만 3개월, 6개월의 기간을 두고 이 기간을 벗어나
면 이를 다시 채워 8년 등을 충족해야 감면 등을 해주지만, 종부세법을 제외
한 기타 법에서는 명시적으로 이에 대한 규정을 두고 있지 않기 때문이다. 특
히 우리의 관심사인 소득세법상 거주주택 비과세와 양도세 중과세는 이에 대
해 정해진 바가 없다.

생각해보면, 민특법에 따라 자동말소 등이 되면, 세법은 이를 그대로 인정을 해
준다는 것을 알 수 있다. 즉 임대기간 내에 공실 등이 있더라도 등록이 유지되
는 한 공실 여부를 묻지도 않고 따지지도 않고 그냥 인정해준다는 것이다. 따
라서 말소된 이후에 기간에는 6개월 등을 운운해가면서까지 공실 여부를 따진
다는 것은 앞뒤가 맞지 않는다. 이는 지나친 확대해석에 해당한다는 것이라고
할 수밖에 없다(이에 대한 좀 더 자세한 분석은 제3장의 '심층분석' 편을 참조할 것).

04 임대료 최초임대료, 증액 제한 등 와 쟁점

민특법 제44조에서 정하고 있는 임대료는 이 법의 내용 중 가장 핵심적인 제도에 해당한다. 임차인들이 임대의무기간 동안 저렴한 임대료를 내고 거주할 수 있어야 하기 때문이다. 이에 세법도 이에 대한 내용을 직접 세제지원의 요건으로 하면서 이를 둘러싼 쟁점들도 증가하는 추세에 있다.

1. 민특법상 임대료 규정

민특법 제44조에서 규정하고 있는 임대료에 대한 규정을 분석해보자.

① 임대사업자가 민간임대주택을 임대하는 경우에 최초 임대료(임대보증금과 월 임대료를 포함한다)는 다음 각 호의 임대료와 같다. 〈개

정 2019. 4. 23, 2020. 8. 18〉

1. 공공지원민간임대주택의 경우 : 주거지원대상자 등의 주거안정을 위하여 국토교통부령으로 정하는 기준에 따라 임대사업자가 정하는 임대료

2. 장기일반민간임대주택의 경우 : 임대사업자가 정하는 임대료. 다만, 제5조에 따른 민간임대주택 등록 당시 존속 중인 임대차계약(이하 '종전임대차계약'이라 한다)이 있는 경우에는 그 종전임대차계약에 따른 임대료

☞ 최초임대료는 이를 기준으로 5%를 올릴 수 있는 기준이 되는 임대료를 말한다. 위 제2호를 보면 이 임대료는 임대사업자가 정하지만, 임대등록 시 종전임대차계약이 있는 경우에는 해당 임대료를 최초 임대료로 하는 것을 말한다(2019년 10월 24일부터 시행). 예를 들어 임대차계약이 되어 있는 주택(월 100만 원)을 취득해 2022년 5월에 등록한 경우 최초 임대료는 월 100만 원이 되는 것이다(만일 종전임대차계약이 없다면 임대사업자가 정한다).

② 임대사업자는 임대기간 동안 임대료의 증액을 청구하는 경우에는 임대료의 5퍼센트의 범위에서 주거비 물가지수, 인근 지역의 임대료 변동률, 임대주택 세대 수 등을 고려하여 대통령령으로 정하는 증액 비율을 초과하여 청구해서는 아니 된다. 〈개정 2018. 1. 16, 2018. 8. 14, 2019. 4. 23〉

☞ 이는 임대료를 올릴 수 있는 상한을 말한다. 5% 이내에서 올릴 수 있도록 하고 있다. 세법도 이러한 룰에 맞춰 세제지원을 펼치고 있다.

③ 제2항에 따른 임대료 증액 청구는 임대차계약 또는 약정한 임대료의 증액이 있은 후 1년 이내에는 하지 못한다. 〈신설 2018. 8. 14〉

☞ 이 부분에 대한 이해가 상당히 중요하다. 여기에서 많은 오해들이 발생하고 있기 때문이다. 이에 대해서는 이하에서 별도로 살펴보자.

④ 임대사업자가 제2항에 따라 임대료의 증액을 청구하면서 임대보증금과 월 임대료를 상호 간에 전환하는 경우의 적용기준은 국토교통부령으로 정한다. 〈신설 2018. 1. 16, 2018. 8. 14〉

☞ 이 부분도 상당히 중요하다. 5%룰을 벗어나면 세제지원이 아예 끊기기 때문이다. 따라서 이 부분도 별도로 살펴볼 필요가 있다.

2. 임대료 증액 제한

1) 임대료 증액 제한 규정

민특법 제44조 제3항에는 다음과 같은 규정을 두고 있다.

이 규정을 보면 임대차계약 또는 약정한 임대료의 증액이 있은 후 1년 이내에는 이를 하지 못하도록 하고 있다. 다음 상황별로 알아보자.

2) 임대차계약이 1년인 경우

이처럼 임대차계약을 1년으로 하면 전의 임대차계약을 기준으로 연간 5% 이내에서 증액할 수 있다. 그런데 임차인이 1년 계약을 연장하자고 하면 또 5%를 증액할 수 있을까?

이에 대한 답은 할 수 없다는 것이다. 민특법은 임대차기간에 대해서 정하고 있지 않으므로 주택임대차보호법을 적용하는데 이 법 제4조에서는 다음과 같이 정하고 있기 때문이다.

국토부 보도자료(2020. 10. 5)에 의하면, 일반적인 경우 1년 단위계약로 계약하더라도 임대기간은 2년을 적용받게 되고 임대료 인상도 '2년 단위'로 직전 임대료의 5% 이내에서 할 수 있다고 하고 있다. 즉 동일 임차인의 경우 2년 단위로 5% 이내로 올릴 수 있다.[14]

---

14) 만약 새로운 임차인과 1년 단위 계약을 하면 2년간 10% 증액이 가능할 것으로 보인다.

3) 임대차계약이 2년인 경우

이 경우 종전 임대차계약이 최초 임대료가 되고 이를 기준으로 5% 이내에서 올려야 한다.

4) 중도에 임대차계약이 해지된 경우

종전 임대차기간이 1년이 안 된 경우에는 1년 이후에 증액이 가능하고, 종전 임대차기간이 1년이 넘은 경우에는 임차인이 바뀌어 새로운 계약을 할 때 5% 이상 증액이 가능하다.

5) 임대료 상한규정 위배 시 벌칙

민특법상 임대료 상한규정을 지키지 않으면 등록이 취소될 수 있고 과태료를 부과받을 수 있다. 그리고 세법상 세제지원이 박탈될 수 있다.

3. 임대보증금과 월 임대료 간 전환

임대료와 임대보증금의 동시에 조정하는 경우가 있다. 이 경우 어떤 식으로 이를 조절해야 하는지 알아보자.

> **· 민특법 시행규칙 제18조(임대보증금과 월 임대료 간 전환)**
> 임대사업자가 법 제44조 제4항에 따라 임대보증금을 월 임대료로 전환하려는 경우에는 임차인의 동의를 받아야 하며, 전환되는 월 임대료는 '주택임대차보호법' 제7조의2에 따른 범위를 초과할 수 없다. 월 임대료를 임대보증금으로 전환하는 경우에도 또한 같다.

내용이 조금 어려운데 사례를 통해 이 부분을 확인해보자.

〈사례〉

· 현재 월세 100만 원, 임대보증금 1천만 원

이를 임대보증금 1억 원으로 올리고 나머지는 월 임대료로 전환하는 경우 5%에 해당하는 월 임대료는 얼마나 될까?

월 807,674원이다.[15]

---

15) 이에 대한 자세한 계산과정은 눈으로 익히는 것보다는 실제 계산을 해보는 것이 좋을 것으로 판단해 생략한다. 렌트홈 홈페이지 오른쪽 중간에 위치한 '임대료인상률계산' 메뉴를 통해 검증할 수 있다.

4. 임대료에 대한 세법의 내용

원래 임대료에 대한 증액 제한 규정은 민특법에서 정하면 아무런 문제가 없지만, 세법은 이를 조금 더 충실히 이행할 수 있도록 주임사에 대한 세제지원에 이에 대한 요건을 추가하기에 이르렀다. 따라서 임대료 상한규정을 지키지 않으면 세법상 세제지원이 박탈될 수 있음에 유의해야 한다. 이하에서는 세목별로 임대료 상한규정이 언제부터 도입되었는지 알아보고 이에 대한 분석을 별도로 해보자.

1) 종부세법

임대주택에 대한 종부세 합산배제를 위해 2019년 2월 12일 이후의 계약분을 최초 임대료로 보고 이를 기준으로 5%룰을 적용한다.

2) 소득세법

주임사의 거주주택에 대한 비과세와 임대주택에 대한 양도세 중과배제를 위해 2019년 2월 12일 이후의 계약분을 최초 임대료로 보고 이를 기준으로 5%룰을 적용한다.

3) 조특법

임대주택에 대한 장기보유특별공제의 특례(제97조의3을 말함. 제97조의4 즉 단기임대사업자의 특례는 적용하지 않음)와 양도세 감면을 위해서는 등록 후 임대개시일 이후부터 5%룰을 적용한다. 이 부분은 앞의 소득세법 등과 도입시기에서 차이가 난다.

☞ 이외 지방세법은 이에 대한 규정을 두고 있지 않다.

Tip 세법상 임대료에 대한 상한규정 분석

세법에서는 임대료 증액제한 내용을 종부세법부터 조특법까지 조문에 포함시키고 있다. 다음은 종부세 합산배제, 거주주택 비과세, 양도세 중과배제 등에 포함된 내용인데, 이를 위주로 관련 내용을 분석해보자.

1. 개정 연혁

1) 2019년 2월 1일 신설

> 다. 임대보증금 또는 임대료의 연 증가율이 100분의 5를 초과하지 않을 것.

2) 2020년 2월 11일 개정

> 임대보증금 또는 임대료의 증가율이 100분의 5를 초과하지 않을 것. 이 경우 임대료 등 증액 청구는 임대차계약의 체결 또는 약정한 임대료 등의 증액이 있은 후 1년 이내에는 하지 못하고~(생략)*
> * 부칙 : 영 시행 이후 주택 임대차계약을 갱신하거나 새로 체결하는 분부터 적용
> ☞ '연' 삭제 및 '증액이 있은 후 1년 이내에는 하지 못하고' 추가

이처럼 신설되거나 개정된 내용을 제대로 이해하기 위해서는 과세당국의 유권 해석이 필요하다. 다음 예규를 참조하자.

2. 관련 예규 분석

1) 예규

앞의 규정과 관련된 기재부의 예규는 다음과 같다(이외 예규는 없는 것으로 보임).

※ **재산세제과-680, 2019.10.10.**

[제목]

합산배제 임대주택 임대료 상한 적용기준

[요지]

합산배제 임대주택의 임대료 상한 적용 시 임대기간이 2년인 경우 1년 전 임대료를 기준으로 5퍼센트 범위에서 증액할 수 있는 것이며, 2019. 2. 12 이후 체결 또는 갱신하는 표준임대차계약을 기준으로 적용하는 것임.

[회신]

1. 종부세법 시행령(2019. 2. 12. 대통령령 제29524호로 일부개정된 것) 제3조 제1항 제1호·제2호·제7호·제8호의 '임대보증금 또는 임대료의 연 증가율이 100분의 5를 초과하지 않을 것'이라는 규정(이하 '쟁점규정'이라 한다)을 적용함에 있어서, 임대주택의 임대의무기간 동안에는 1년 단위로 임대료를 증액하고 그 증액의 범위를 임대료의 5퍼센트로 한정하는 것이므로 임대기간을 2년으로 정하고 임대료를 증액하는 청구가 없었던 계약이 만료되어 임대차계약을 갱신하거나 새로 체결하는 경우에는 1년 전 임대료를 기준으로 5퍼센트의 범위에서 증액할 수 있는 것입니다.

2. '쟁점 규정'은 관련 부칙 제3조에 따라 그 시행일(2019. 2. 12)이후 주택 임대차계약(표준임대차계약분)을 갱신하거나 새로 체결하는 분부터 적용하되, 동 시행일 이후 최초로 표준임대차계약(갱신 포함)을 체결하는 경우에는 해당 표준임대차계약을 기준으로 하여 적용하는 것이며, 다른 임대사업자가 이미 임대주택으로 등록한 주택을 취득하는 경우 임대사업자인 양수인은 양도인에게 적용되는 종부세법상 세제 혜택과 과세 요건 등을 승계하지 않는 것입니다.

2) 분석

앞의 예규는 앞에서 본 민특법과 같은 것으로 판단된다. 따라서 원칙적으로 '2년 단위' 임대료 5% 상한 요건을 두고 예외적으로 '1년 단위'를 적용하는 것으로 판

단된다.[16)

3. 적용 사례
앞의 내용을 사례를 통해 알아보자.

Q[1]. 2년 계약을 했는데 2년 후 재계약 시 5% 이내 임대료 인상이 가능할까?
당연하다. 원칙적으로 2년 단위로 인상이 가능하기 때문이다.

Q[2]. 1년 계약을 했는데 1년 뒤에 재계약 시 5% 이내 임대료 인상이 가능할까?
그렇지 않다. 주택임대차보호법에 의하면 1년 단위 계약이라도 2년 단위 계약이 유효하기 때문이다. 다만, 새로운 임차인과 계약하는 경우 '1년 이후의 증액'에 해당하기 때문에 5% 인상이 가능할 것으로 보인다.

☞ 소득세법 등에서는 앞에서와 같이 신설과 개정을 거듭하면서 이에 대한 적용방법에 대한 혼란이 가중되고 있다. 앞에서 본 민특법을 기준으로 해석하고 세법을 집행할 것인가, 아니면 세법에서 기준을 두어 해석하고 집행할 것인지가 그렇다. 하지만 세법의 내용 및 해석은 현행 민특법과 같은 것으로 보인다. 따라서 주임사들은 앞에서 본 내용을 준수하는 것이 좋을 것으로 보인다. 다만, 실무현장에서는 1년 단위로 5%씩 인상할 수 있다는 소식도 있으므로 다시 한번 강조하지만, 과세당국의 최종 입장을 확인해야 할 것으로 보인다.

---

16) 이에 대해서는 과세당국의 최종 입장을 확인해야 할 것으로 보인다. 적용과 관련해 다양한 의견들이 나오고 있기 때문이다.

05
기타 보증가입의무 등

민특법에서는 등록사업자들을 대상으로 앞서 살펴본 것 외에도 다양한 의무를 부여하고 있다. 이러한 의무를 이행하지 않으면 과태료가 부과되므로 세법과 무관하게 이를 지켜야 한다. 주요 내용 몇 가지만 나열하면 다음과 같다.

1. 부기등기의무

민특법 제5조의2에서는 다음과 같은 부기등기의무를 두고 있다.

① 임대사업자는 제5조에 따라 등록한 민간임대주택이 제43조에 따른 임대의무기간과 제44조에 따른 임대료 증액기준을 준수하여야 하는 재산임을 소유권등기에 부기등기(附記登記)하여야 한다.
② 제1항에 따른 부기등기는 임대사업자의 등록 후 지체 없이 하

여야 한다. 다만, 임대사업자로 등록한 이후에 소유권보존등기를 하는 경우에는 소유권보존등기와 동시에 하여야 한다.

2. 임대보증금에 대한 보증가입의무

민특법은 임차인들의 임대보증금을 보호하기 위해 민특법 제49 조에서 보증가입의무를 두고 있다.

① 임대사업자는 다음 각 호의 어느 하나에 해당하는 민간임대주택을 임대하는 경우 임대보증금에 대한 보증에 가입하여야 한다.
  1. 민간건설임대주택
  4. 제2호와 제3호 외의 민간매입임대주택

② 제1항에 따른 보증에 가입하는 경우 보증대상은 임대보증금 전액으로 한다(월세는 제외).

③ 제2항에도 불구하고 다음 각 호에 모두 해당하는 경우에는 담보권이 설정된 금액과 임대보증금을 합한 금액에서 주택가격의 100분의 60에 해당하는 금액을 뺀 금액을 보증대상으로 할 수 있다. 이 경우 주택가격의 산정방법은 대통령령으로 정한다.
  1. 생략

⑦ 제1항에도 불구하고 다음 각 호의 어느 하나에 해당하면 임대보증금에 대한 보증에 가입하지 아니할 수 있다. 〈신설 2021. 9. 14〉

1. 임대보증금이 주택임대차보호법 제8조 제3항에 따른 금액(우선변제받을 금액. 예 : 서울 5천만 원) 이하이고 임차인이 임대보증금에 대한 보증에 가입하지 아니하는 것에 동의한 경우
3. 임차인이 보증회사 및 이에 준하는 기관에서 운용하는 전세금 반환을 보장하는 보증에 가입하였고, 임대사업자가 해당 보증의 보증수수료를 임차인에게 전부 지급한 경우

3. 임대사업자의 설명의무 등

민특법 제48조에서는 임대사업자의 설명의무를 두고 있다.

① 민간임대주택에 대한 임대차계약을 체결하거나 월 임대료를 임대보증금으로 전환하는 등 계약내용을 변경하는 경우에는 임대사업자는 다음 각 호의 사항을 임차인에게 설명하고 이를 확인받아야 한다.
1. 제49조에 따른 임대보증금에 대한 보증의 보증기간 등 대통령령으로 정하는 사항
2. 민간임대주택의 선순위 담보권, 국세·지방세의 체납사실 등 권리관계에 관한 사항. 이 경우 등기부등본 및 납세증명서를 제시하여야 한다.
3. 임대의무기간 중 남아 있는 기간과 제45조에 따른 임대차계약의 해제·해지 등에 관한 사항
4. 제44조 제2항에 따른 임대료 증액 제한에 관한 사항

☞ 이외에 표준임대차계약서 제출의무 등도 있다.

■ 민특법 시행령 [별표 3] 〈개정 2022. 01. 13〉

과태료의 부과기준(제55조 관련)

1. 일반기준

　가. 위반행위의 횟수에 따른 과태료의 가중된 부과기준은 최근 1년간 같은 위반행위로 과태료 부과처분을 받은 경우에 적용한다. 이 경우 기간의 계산은 위반행위에 대하여 과태료 부과처분을 받은 날과 그 처분 후 다시 같은 위반행위를 하여 적발된 날을 기준으로 한다.

　나. 가목에 따라 가중된 부과처분을 하는 경우 가중처분의 적용 차수는 그 위반행위 전 부과처분 차수(가목에 따른 기간 내에 과태료 부과처분이 둘 이상 있었던 경우에는 높은 차수를 말한다)의 다음 차수로 한다.

　다. 법 제67조 제1항 제1호·제2호 및 제67조 제4항 제2호의2에 해당하는 경우에는 임대하지 않거나 양도한 민간임대주택 호수당 과태료를 부과한다.

　라. 과태료 부과 시 위반행위가 둘 이상인 경우에는 부과금액이 많은 과태료를 부과한다.

　마. 부과권자는 다음의 어느 하나에 해당하는 경우에는 제2호에 따른 과태료 금액의 2분의 1의 범위에서 그 금액을 늘릴 수 있다. 다만, 과태료를 늘려 부과하는 경우에도 법 제67조 제1항부터 제5항까지의 규정에 따른 과태료 금액의 상한을 넘을 수 없다.

　　1) 위반의 내용·정도가 중대하여 임차인 등에게 미치는 피해가 크다고 인정되는 경우

2) 법 위반상태의 기간이 6개월 이상인 경우

3) 그 밖에 위반행위의 정도, 위반행위의 동기와 그 결과 등을 고려하여 늘릴 필요가 있다고 인정되는 경우

바. 부과권자는 다음의 어느 하나에 해당하는 경우에는 제2호에 따른 과태료 금액의 2분의 1의 범위에서 그 금액을 줄일 수 있다. 다만, 과태료를 체납하고 있는 위반행위자의 경우에는 그 금액을 줄일 수 없으며, 감경 사유가 여러 개 있는 경우라도 감경의 범위는 과태료 금액의 2분의 1을 넘을 수 없다.

1) 삭제 〈2020. 12. 8〉

2) 위반행위가 사소한 부주의나 오류로 인한 것으로 인정되는 경우

3) 위반행위자가 위반행위를 바로 정정하거나 시정하여 해소한 경우

4) 위반행위자가 사업여건의 악화 및 현저한 손실이 발생하는 등의 사정이 있는 경우

5) 그 밖에 위반행위의 횟수, 정도, 위반행위의 동기와 그 결과 등을 고려하여 감경할 필요가 있다고 인정되는 경우

2. 개별기준

(단위 : 만 원)

위반행위	근거 법조문	과태료 금액		
		1차 위반	2차 위반	3차 이상 위반
가. 임대사업자가 법 제5조 제7항에 따라 등록 신청 당시 임대차계약이 없는 경우 산정한 임대보증금의 상한을 추후 임대차계약에서 준수하지 않은 경우	법 제67조 제3항 제8호	200	400	500
나. 법 제5조의2에 따른 부기등기를 하지 않은 경우	법 제67조 제3항 제1호	200	400	500

위반행위	근거 법조문	1차	2차	3차
다. 법 제5조의4를 위반하여 설명하지 않거나 설명한 사항을 확인받지 않은 경우	법 제67조 제3항 제2호	500	500	500
라. 주택임대관리업자가 법 제7조를 위반하여 등록사항 변경 신고 또는 말소신고를 하지 않은 경우	법 제67조 제3항 제3호	200	400	500
마. 주택임대관리업자가 법 제12조에 따른 현황 신고를 하지 않은 경우	법 제67조 제3항 제4호	200	400	500
바. 주택임대관리업자가 법 제13조 제1항 및 제2항에 따른 위·수탁계약서 작성·교부 및 보관의무를 게을리한 경우	법 제67조 제4항 제2호	50	70	100
사. 임대사업자가 법 제42조 제4항을 위반하여 민간임대주택 공급신고하지 않은 경우	법 제67조 제2항 제1호	500	700	1,000
아. 법 제43조 제1항을 위반하여 임대의무기간 중에 민간임대주택을 임대하지 않은 경우	법 제67조 제1항 제1호	임대주택당 3,000		
자. 법 제43조 제2항 또는 제3항을 위반하여 민간임대주택 양도신고를 하지 않고 민간임대주택을 양도한 자	법 제67조 제4항 제2호의2	임대주택당 100		
차. 제43조 제4항을 위반하여 시장·군수·구청장의 허가를 받지 않고 임대의무기간 중에 임대사업자가 아닌 자에게 민간임대주택을 양도한 경우	법 제67조 제1항 제2호	임대주택당 3,000		
카. 법 제44조 제1항 제1호를 위반하여 공공지원민간임대주택의 최초 임대료를 국토교통부령으로 정하는 기준에 따라 정하지 않거나 같은 조 제2항에 따른 임대료의 증액 비율을 초과하여 임대료의 증액을 청구한 경우 1) 위반건수가 10건 이상인 경우 2) 위반건수가 2건 이상 10건 미만인 경우 3) 위반건수가 1건인 경우	법 제67조 제1항 제3호 및 제4호	2,000 1,000 500	3,000 2,000 1,000	3,000 3,000 2,000
타. 임대사업자가 법 제45조를 위반하여 임대차계약을 해제·해지하거나 재계약을 거절한 경우	법 제67조 제2항 제4호	500	700	1,000
파. 법 제46조에 따른 임대차계약 신고를 하지 않거나 거짓으로 신고한 경우	법 제67조 제2항 제5호	500	700	1,000

하. 임대사업자가 법 제47조에 따른 표준임 대차계약서를 사용하지 않은 경우	법 제67조 제2항 제6호	500	700	1,000
거. 임대사업자가 법 제48조 제1항에 따 른 설명 및 확인의무를 위반하거나 같 은 조 제2항에 따른 정보 제공 의무를 위반한 경우	법 제67조 제3항 제5호	500	500	500
너. 법 제49조를 위반하여 임대보증금에 대 한 보증에 가입하지 않은 경우	법 제67조 제5항			
1) 가입하지 않은 기간이 3개월 이하 인 경우		임대보증금의 100분 의 5에 상당하는 금 액. 다만, 과태료의 총 액은 3,000만 원을 초과할 수 없다.		
2) 가입하지 않은 기간이 3개월 초과 6 개월 이하인 경우		임대보증금의 100분 의 7에 상당하는 금 액. 다만, 과태료의 총 액은 3,000만 원을 초과할 수 없다.		
3) 가입하지 않은 기간이 6개월을 초과 하는 경우		임대보증금의 100분 의 10에 상당하는 금 액. 다만, 과태료의 총 액은 3,000만 원을 초과할 수 없다.		
더. 법 제50조를 위반하여 준주택을 주거용 이 아닌 용도로 사용한 경우	법 제67조 제2항 제7호	500	700	1,000
러. 법 제50조 제2항, 제60조 및 제61조에 따 른 보고, 자료의 제출 또는 검사를 거부·방 해 또는 기피하거나 거짓으로 보고한 경우	법 제67조 제3항 제6호	100	200	300
머. 임대사업자가 법 제52조 제2항을 위반 하여 임차인대표회의를 구성할 수 있다 는 사실 또는 구성해야 한다는 사실을 임차인에게 통지하지 않은 경우	법 제67조 제4항 제3호	50	70	100
버. 임대사업자가 법 제52조 제4항을 위반 하여 임차인대표회의와 관리규약 제정· 개정 등을 협의하지 않은 경우	법 제67조 제3항 제7호	500	500	500
서. 법 제53조 제1항 및 제2항에 따라 특별 수선충당금을 적립하지 않거나 입주자 대표회의에 넘겨주지 않은 경우	법 제67조 제2항 제8호	500	700	1,000

제 **3** 장

등록제도^{자동말소 등 포함}와 세법의 관계

01
민특법과
세법의 관계

우리가 앞으로 이 책에서 공부할 주요 내용은 다음과 같다. 이외 종부세도 중요하지만 종부세 합산배제는 양도세 중과배제와 같은 원리로 되어 있어 별도로 살펴볼 실익이 많지 않다.

> ① 주임사의 거주주택에 대한 양도세 비과세
> ② 임대주택에 대한 양도세 중과세 적용배제
> ③ 조특법상 임대주택에 대한 장기보유특별공제 특례와 양도세 100% 감면

이들은 모두 주임사의 거주주택이나 임대주택에 대한 양도세를 줄여주는 제도에 해당한다. 거주주택에 대해서는 비과세, 그리고 임대주택에 대해서는 중과배제를 받고 양도세가 중과세되더라도 감면 등을 받을 수 있다는 것이다. 그런데 이에 대한 지원은 일정한 요건을 충족한 경우에만 적용되는데 그 시작이 바로 '관할 시·군·

구청에 임대등록'을 하는 것이다. 따라서 이러한 등록절차를 갖추지 못했다면 앞과 같은 세제지원을 받을 수 없다. 그런데 등록을 하면 민특법상 각종 의무를 이행해야 한다. 임차인이 안정적으로 거주할 수 있도록 일정기간 내에 임대료를 합당하게 받아야 하고 전세보증금에 대한 보증도 해야 한다.

세법은 이러한 기본적인 요건을 충족하는 임대주택에 대해서 혜택을 부여한다. 다만, 투자 수단으로 변질되는 것을 방지하고 본연의 목적을 달성하도록 하기 위해 기준시가 요건이나 임대의무기간 등을 별도로 두고 있다.

구분	민특법	세법
혜택	이 법에서는 없음.	각종 세제지원
목적	주거안정 등	민특법 목적 달성 지원
의무	임대의무기간, 임대료 상한 등 각종 의무 이행	임대의무기간, 임대료 상한 등을 세법에서도 요건으로 두고 있음.
의무불이행 제재	과태료 부과	세제지원 박탈

02 등록유형과 세제의 관계

임대등록의 유형은 세제와 상당히 연결되어 있다. 단기인지, 장기인지에 따라 적용되는 세제의 내용이 달라지기 때문이다. 그런데 최근(2020. 8. 18) 민특법이 개정되어 요즘은 아파트를 제외하고 10년 장기임대로만 등록이 가능한데, 그 이전에는 단기임대와 장기임대가 공존했다. 따라서 세제의 정확한 적용을 위해서는 이 부분부터 먼저 정리가 되어야 할 것으로 보인다.

1. 임대등록이 가능한 주택

1) 2020년 8월 18일 전

민특법이 개정되어 시행되기 전에는 모든 주택과 준주택(오피스텔)[17]을 등록할 수 있었다.

2) 2020년 8월 18일 이후

이날 이후에는 도시형 생활주택이 아닌 아파트를 제외한 모든 주택과 준주택(오피스텔)만을 등록할 수 있게 되었다(민특법 제2조 제5호).

2. 임대등록의 유형

1) 2020년 8월 18일 전

민특법이 개정되어 시행되기 전에는 4년 단기임대와 8년 장기임대 중 하나를 선택할 수 있었다.

2) 2020년 8월 18일 이후

이날 이후에는 10년 장기임대등록만 허용했다. 따라서 단기임대는 더 이상 등록할 수 없다.

이에 따라 민특법 제5조에 따라 임대등록을 하고자 하는 경우에는 다음처럼 구분해 등록한다.

· 민간건설임대주택 및 민간매입임대주택
· 공공지원민간임대주택, 장기일반민간임대주택[18]

---

17) '민간임대주택'이란 임대 목적으로 제공하는 주택[토지를 임차하여 건설된 주택 및 오피스텔 등 대통령령으로 정하는 준주택 및 대통령령으로 정하는 일부만을 임대하는 주택을 포함한다. 이하 같다]으로서 임대사업자가 제5조에 따라 등록한 주택을 말하며, 민간건설임대주택과 민간매입임대주택으로 구분한다.
18) '장기일반민간임대주택'이란 임대사업자가 공공지원민간임대주택이 아닌 주택을 10년 이상 임대할 목적으로 취득하여 임대하는 민간임대주택[아파트(주택법 제2조 제20호의 도시형 생활주택이 아닌 것을 말한다)를 임대하는 민간매입임대주택은 제외한다]을 말한다(민특법 제2조 제5호).

즉 먼저 임대주택이 건설인지 매입인지의 여부를 구분하고, 다음으로 이 임대주택이 공공인지 일반인지를 구분한다는 것이다.

※ 2020년 8월 18일 이후의 등록임대주택 유형별 신규등록 가능 여부 현황

주택 구분		신규등록 가능 여부	
		매입임대	건설임대
4년 단기임대	단기	폐지	폐지
10년 장기임대	장기일반	허용(다만, 아파트 불가)	허용
	공공지원	허용	허용

3. 등록유형의 변경

1) 2020년 8월 18일 전

이날 전에는 단기임대도 살아 있어 주임사의 선택에 따라 장기로 임대유형을 변경할 수 있었다.

☞ 2020년 7·10대책이 발표된 다음 날부터 8월 18일 전까지 단기에서 장기로 전환한 경우에는 세제지원을 하지 않는다. 대책의 실효성을 높이기 위해서다.

2) 2020년 8월 18일 이후

2020년 8월 18일부터는 단기에서 장기로의 변경을 금지했다. 다음 부칙을 참조하기 바란다.

4. 등록유형과 세제지원의 적용

민특법상 등록유형과 세제지원의 관계를 정리해보자.

1) 거주주택 비과세

거주주택 비과세를 적용받을 때에도 임대주택에 대한 요건이 필요한데, 이때는 등록유형에 대한 제한을 두지 않고 있다. 따라서 임대유형이 단기이든, 장기이든 5년 이상만 등록을 유지하면 거주주택 비과세를 받을 수 있다.

☞ 거주주택 비과세는 임대주택이 아닌 일반주택에 대한 세제지원이므로 임대유형을 특정하지 않고 있다. 다시 한번 점검하기 바란다.

2) 양도세 중과세 적용배제

주임사의 임대주택에 대한 양도세 중과배제제도는 부동산 대책에서 단골메뉴가 되었는데, 이로 인해 등록유형이 매우 중요한 요건이 되었다.

· **2018년 3월 31 이전 등록** : 등록유형에 대해서는 특별한 요건이 없었다. 따라서 단기임대든, 장기임대든 5년 이상만 임대한 후에 양도하면 중과면제를 받을 수 있다.

· **2018년 4월 1일 이후 등록** : 2017년 12·13대책(임대주택 활성화 방안)의 결과물로 이날 이후에 등록한 경우에는 장기임대로 등록해야 중과세를 적용배제한다(단기에서 장기로의 변경도 적용배제).

> · **소령 제167조의3 제1항 제2호 마목**
> 마. 민특법 제2조 제3호에 따른 민간매입임대주택 중 같은 조 제5호에 따른 장기일반민간임대주택으로 8년 이상 임대하는 주택으로서(이하 생략)

3) 조특법상 과세특례 등

조특법에서는 장기임대를 유도하기 위해 장기보유특별공제 10% 추가, 50~70%공제, 양도세 100% 감면제도를 두고 있다.

① 장기보유특별공제 추가 10% 특례(조특법 제97조의4)

· 등록 시 단기임대를 선택
· 6~10년 이상 등록임대 시 최대 10%추가공제

② 장기보유특별공제 50~70% 특례(조특법 제97조의3)

· 등록 시 장기임대를 선택

· 다만, 단기에서 장기로의 유형은 허용한다(단기임대에서 승계받은 기간[19]+장기임대로 임대한 기간).

③ 양도세 100% 감면(조특법 제97조의5)

· 등록 시 장기임대를 선택
· 단기에서 장기로의 유형은 불허한다(장기임대등록 후 계속 10년 이상 임대해야 함). 감면내용이 파격적이라 당초부터 장기임대를 유도하기 위해 이러한 요건을 두고 있다.

※ 저자 주

개정 민특법은 2020년 8월 18일부터 시행되므로 그 이전에 임대 유형을 단기에서 장기로 변경할 수 있다. 하지만 2020년 7·10 세제대책에서는 2020년 7월 11일 이후부터는 이러한 행위에 대해 각종 세제지원을 적용하지 않는다. 대책의 실효성을 높이기 위해서다. 주의하기 바란다.

---

19) 단기임대 중 최대 5년 이내에서 승계를 받을 수 있다. 제7장에서 살펴본다.

03 기존 등록에 대한 등록말소제도의 도입

2020년 8월 18일 이후부터 기존 등록자들에 대해 등록 시 선택한 등록유형에서 정하고 있는 임대의무기간(4년, 8년 등)이 경과하면 등록이 자동으로 말소된다. 한편 임대의무기간이 경과하기 전이라도 자진해 말소를 신청할 수 있다. 그런데 문제는 모든 주택이 이에 해당하지 않는다는 것이다. 이하에서 이를 정리해보자.

1. 자동말소의 대상과 절차 등

1) 자동말소의 대상
자동말소의 대상은 다음과 같다.

· 단기임대로 등록한 모든 주택(준주택 포함)
· 장기임대로 등록한 모든 주택(준주택 포함) 중 아파트(도시형 생활주택은 제외. 이하 동일)

이를 표로 정리하면 다음과 같다.

구분	단기임대	장기임대
임대의무기간	4년	8년
자동말소	자동말소(예외 없음)	· 원칙 : 유지 · 예외 : 아파트는 자동말소

이에 대한 시행일은 2020년 8월 18일 이후부터다. 따라서 이날 이전에 이미 4년이 지난 단기임대사업자의 경우에는 2020년 8월 18일에 등록이 말소된 것으로 본다.

2) 과태료
없다.

3) 말소절차
자동말소는 본인이 말소신청을 하지 않더라도 법률에 따라 등록이 자동말소되므로 행정상의 착오에 의해 등록이 말소되지 않더라도 법률상 의무를 지지 않는다.

2. 자진말소의 대상과 절차 등

1) 자진말소의 대상
자진말소의 대상은 다음과 같다. 단, 자진말소를 하기 위해서는 임차인의 동의가 있어야 한다.

· 단기임대로 등록한 모든 주택(준주택 포함)

· 장기임대로 등록한 모든 주택(준주택 포함) 중 아파트(도시형 생
  활주택은 제외)

2) 과태료

없다. 따라서 임대의무기간 준수 위반에 따른 과태료(3천만 원)는
면제받을 수 있다.

3) 말소절차

본인이 서식(아래)에 맞춰 신청해야 한다. 이때 임차인의 동의서
도 제출해야 한다.

☞ 참고로 이렇게 말소한 주택을 양도할 때에는 민특법상 '민간
  임대주택 양도신고서'를 관할 지자체에 제출하는 한편 관할
  세무서에 양도세 신고를 별도로 해야 한다.

Tip 직권말소와의 구분

관할 지자체의 말소는 자동말소, 자진말소, 직권말소 등이 있다. 이 중 세제지원은
주로 자동말소와 자진말소를 중심으로 이루어지고 있다. 직권말소는 주로 재건축
이 발생하기 전까지만 지원이 이루어지고 있다.

■ 민특법 시행규칙 [별지 제6호의7서식] 〈개정 2020. 12. 10.〉

임대사업자 등록 [ ] 전부 / [ ] 일부 말소 신청서

※ 어두운 난(▦▦▦)은 신고인(신청인)이 작성하지 않으며, [ ]에는 해당되는 곳에 √표를 합니다.   (3쪽 중 1쪽)

접수번호		접수일자	처리기간 5일

신청인	[ ] 개인사업자	성명	생년월일
	[ ] 법인사업자	법인명(상호)	법인등록번호
	주소(법인의 경우 대표 사무소 소재지)		전화번호 (유선)
			(휴대전화)
			전자우편

	임대사업자 최초 등록일							임대사업자 등록번호	
[ ] 전부 말소	민간임대주택의 소재지		주택 구분	주택 종류	주택 유형	전용 면적	임대 개시일	말소 사유
	건물 주소	호, 실 번호 또는 층						
[ ] 일부 말소	민간임대주택의 소재지		주택 구분	주택 종류	주택 유형	전용 면적	임대 개시일	말소 사유
	건물 주소	호, 실 번호 또는 층						

민특법 제6조 제1항 제3호·제11호, 제43조 제4항 제1호·제2호 및 같은 법 시행규칙 제4조의5제1항 및 제17조 제4항에 따라 위와 같이 임대사업자 등록 [ ]전부 / [ ]일부의 말소를 신청합니다.

년   월   일

신고인(신청인)   (서명 또는 인)

특별자치시장
특별자치도지사 귀하
시장·군수·구청장

작성방법

말소 사유는 다음 중 하나를 선택하고 그 번호를 적되, 제3호에 해당하는 경우에는 세부사유를 적습니다.

1. 등록한 날부터 3개월이 지나기 전(임대주택으로 등록한 이후 체결한 임대차계약이 있는 경우 그 임차인의 동의가 있는 경우로 한정합니다)에 말소를 신청하는 경우(민특법 제6조 제1항 제3호)
2. 임대의무기간 내에 장기일반민간임대주택 중 아파트를 임대하는 민간매입임대주택 또는 단기민간임대주택에 대하여 등록말소를 신청하는 경우(민특법 제6조 제1항 제11호)
3. 부도, 파산, 민특법 시행령 제34조 제3항 각 호의 어느 하나에 해당하는 사유로 임대를 계속할 수 없는 경우(민특법 제43조 제4항 제1호)
4. 공공지원임대주택을 20년 이상 임대하기 위한 경우로서 필요한 운영비용 등을 마련하기 위하여 제21조의2 제1항 제4호에 따라 20년 이상 공급하기로 한 주택 중 일부를 10년 임대 이후 매각하는 경우(민특법 제43조 제4항 제2호)

210mm×297mm[백상지(80g/㎡) 또는 중질지(80g/㎡)]

■ 민간임대주택에 관한 특별법 시행규칙 [별지 제6호의8서식] 〈신설 2020. 12. 10.〉

임대사업자의 등록 말소 신청에 관한 임차인 동의서

※어두운 난(▨▨▨)은 신고인(신청인)이 작성하지 않으며, [ ]에는 해당되는 곳에 ✓표를 합니다.

접수번호		접수일자		

임대사업자	성명 (법인명)		생년월일 (법인등록번호)		전화번호
					(유선) (휴대전화)

민간임대주택	건물주소				
	주택구분	주택종류		주택유형	임대개시일
	[ ] 건설 [ ] 매입	[ ] 단기민간 [ ] 장기일반 [ ] 공공지원			
	민간임대주택에 관계되어 있는 임대차계약 건수	( )건			

동의자 (임차인)	호실/층	성명	생년월일	전화번호

본인은 '민간임대주택에 관한 특별법' 제6조제1항제3호 또는 같은 조 같은 항 제11호에 따라 임대사업자가
위의 민간임대주택에 대해 등록 말소 신청을 하는 것에 동의합니다.

년 월 일

동의자				
	호실/층	성명		(서명 또는 인)
	호실/층	성명		(서명 또는 인)
	호실/층	성명		(서명 또는 인)
	호실/층	성명		(서명 또는 인)
	호실/층	성명		(서명 또는 인)

특별자치시장
특별자치도지사 귀하
시장·군수·구청장

작성방법 및 유의사항

1. '주택유형'란에는 건축물대장에서 확인되는 건축물의 용도로서 단독주택, 다중주택, 다가구주택, 아파트, 연립주택, 다세대주택, 오피스텔 중 하나를 선택하여 적습니다.
2. 동일한 임대주택에 둘 이상의 임대차계약이 있는 경우(다가구주택 등) 모든 임차인의 동의가 필요하며, 민간임대주택에 관계되어 있는 임대차계약 건수와 동의자 수가 동일해야 합니다.
3. 임차인 동의서의 유효기간은 동의를 받아야 하는 임차인의 동의를 모두 받은 날부터 1개월로 합니다.
4. '민간임대주택에 관한 특별법' 제6조제6항에 따라 임대사업자가 해당 민간임대주택을 말소하더라도 이미 체결된 임대차계약의 기간이 끝날 때까지 임차인과의 관계에서는 이 법에 따른 임대사업자로 봅니다.

210mm×297mm[백상지(80g/㎡) 또는 중질지(80g/㎡)]

■ 민특법 시행규칙 [별지 제19호서식] <개정 2019. 3. 20.>

민간임대주택 양도신고서

※ 어두운 난(▓▓▓)은 신고인이 작성하지 않으며, [ ]에는 해당되는 곳에 √표를 합니다.   (앞쪽)

접수번호		접수일자		처리기간 10일			

임대 사업자 (양도인)	[ ] 개인사업자	성명		생년월일			
	[ ] 법인사업자	법인명(상호)		법인등록번호			
	주소(법인의 경우 대표 사무소 소재지)			전화번호 (유선) (휴대전화)			
				전자우편			

민간임대 주택 (양도할 주택)	민간임대주택의 소재지			주택 구분	주택 종류	주택 유형	전용 면적	임대 개시일
	건물 주소	호, 실 번호 또는 층						

양수인	[ ] 임대사업자(임대사업자 등록 예정인 자를 포함)						
	[ ] 개인사업자	성명		생년월일			
	[ ] 법인사업자	법인명(상호)		법인등록번호			
	주소(법인의 경우 대표 사무소 소재지)			전화번호 (유선) (휴대전화)			
				전자우편			
	[ ] 임대사업자가 아닌 자(임대의무기간 경과 후 양도하는 경우로 한함)						
	성명(법인명)			생년월일(법인등록번호) 전화번호 (유선) (휴대전화)			

민특법 제43조 제2항·제3항 및 같은 법 시행규칙 제15조 제1항·제16조에 따라 위와 같이 신고합니다.

년   월   일

신고인   (서명 또는 인)

특별자치시장
특별자치도지사   귀하
시장·군수·구청장

210mm×297mm[백상지(80g/㎡) 또는 중질지(80g/㎡)]

04
말소의 종류와
세제지원의 관계

앞에서 보면 민특법상 말소제도는 크게 두 가지로 구분됨을 알 수 있었다. 하나는 임대의무기간의 경과에 따른 자동말소이고, 하나는 자진말소에 해당한다. 물론 임대 요건을 충족하지 못해 관할 지자체의 직권으로 등록이 말소된 경우도 있을 수 있다. 이에 따라 주임사에 대한 세제도 변동될 수밖에 없다. 이하에서 말소 종류에 따른 세제의 변화에 대해 알아보자.

1. 자동말소와 세제지원

임대의무기간이 경과되어 자동말소된 경우 다음과 같이 세제지원을 한다.

1) 자동말소되기 전의 세제혜택 추징 여부

말소되기 전에 이미 받은 세제혜택에 대해서는 추징을 하지 않는다. 대표적인 몇 가지만 나열하면 다음과 같다.

· 종부세 합산배제
· 거주주택 비과세 등

2) 자동말소된 이후 세제혜택의 변화

말소된 이후에는 사실상 더 이상 임대사업자가 아니므로 세제지원책도 달라진다. 이 부분을 이해하는 것이 중요하다.

· 종부세 : 무조건 합산과세된다.
· 양도세 중과배제 : 처분기한을 두지 않고 중과배제한다(일반과세 적용).
· 거주주택 비과세 : 말소일로부터 5년이란 처분기한을 신설해 이를 적용한다(이는 자진말소의 경우에도 동일하다).

☞ 참고로 자동말소된 이후 임대료를 5% 이내에서 올려야 되는지 등에 대한 쟁점은 뒤에서 분석한다.

2. 자진말소와 세제지원

임대의무기간이 경과되기 전이라도 자진말소한 경우 다음과 같이 세제지원을 한다. 참고로 자진말소는 임대의무기간을 채우지 못한 경우에 해당하므로 앞의 자동말소에 비해 세제지원 요건이 강화된다.

1) 자진말소되기 전의 세제혜택 추징 여부

자진말소되기 전에 이미 받은 세제혜택에 대해서는 추징을 하지 않는다. 대표적인 몇 가지만 나열하면 다음과 같다.

- 종부세 합산배제
- 거주주택 비과세 등

2) 자진말소된 이후 세제혜택의 변화

자진말소된 이후에는 사실상 더 이상 임대사업자가 아니므로 세제지원책도 달라진다. 이 부분을 이해하는 것이 중요하다.

- 종부세 : 무조건 합산과세된다.
- 양도세 중과배제 : 민특법상 임대의무기간의 1/2 이상 임대하고 말소일로부터 1년 내 처분하면 중과배제한다(자동말소와 차이).
- 거주주택 비과세 : 민특법상 임대의무기간의 1/2 이상 임대하고 말소일로부터 5년이란 처분기한을 신설해 이를 적용한다(자동말소와 차이)

☞ 참고로 자진말소의 경우 양도세 중과배제를 위해서는 말소 후에도 임대료를 5% 이내에서 올려야 한다(자동말소와 차이).

3. 앞 외의 말소와 세제지원

앞 외의 사유로 말소(직권말소)된 경우 다음과 같이 세제지원을 한다. 직권말소의 대표적인 사유는 '재건축·재개발·소규모재건축· 주택법상 리모델링사업'으로 등록이 말소된 경우가 이에 해당한다.

1) 직권말소되기 전의 세제혜택 추징 여부

원칙적으로 직권말소되기 전에 이미 받은 세제혜택에 대해서는 추징을 하지 않는다. 대표적인 몇 가지만 나열하면 다음과 같다.

· 종부세 합산배제
· 거주주택 비과세 등

2) 직권말소된 이후 세제혜택의 변화

앞의 자동말소와 자진말소 외의 사유로 직권말소가 된 이후에는 세제지원을 받을 수 없다. 이러한 주택들은 민특법에 의한 임대주택이 아니기 때문이다. 예를 들어 다음과 같은 것들이 이에 해당한다.

· 종부세 합산배제
· 거주주택 비과세
· 양도세 중과배제
· 조특법상 장기보유특별공제 특례 및 감면

Tip 민특법 제6조(임대사업자 등록의 말소) 규정으로 본 말소유형 분석

민특법 제6조는 임대사업자 등록말소에 대한 유형을 정하고 있다. 이에 대한 내용을 조금 더 자세히 알아보자.

① 시장·군수·구청장은 임대사업자가 다음 각 호의 어느 하나에 해당하면 등록의 전부 또는 일부를 말소할 수 있다. 다만, 제1호에 해당하는 경우에는 등록의 전부 또는 일부를 말소하여야 한다. 〈개정 2020. 6. 9, 2020. 8. 18, 2021. 3. 16, 2021. 9. 14〉

1. 거짓이나 그 밖의 부정한 방법으로 등록한 경우
   ☞ 당연한 말소대상이다.
2. 임대사업자가 제5조에 따라 등록한 후 대통령령으로 정하는 일정 기간 안에 민간임대주택을 취득하지 아니하는 경우
3. 제5조 제1항에 따라 등록한 날부터 3개월이 지나기 전(임대주택으로 등록한 이후 체결한 임대차계약이 있는 경우에는 그 임차인의 동의가 있는 경우로 한정한다) 또는 제43조의 임대의무기간이 지난 후 등록말소를 신청하는 경우
   ☞ 후자의 경우 아파트를 제외한 다세대주택 등이 해당한다.
4. 제5조 제6항의 등록기준을 갖추지 못한 경우
5. 제43조 제2항 또는 제6항에 따라 민간임대주택을 양도한 경우
6. 제43조 제4항에 따라 민간임대주택을 양도한 경우
7. 제44조에 따른 임대조건을 위반한 경우
   ☞ 임대료 상한규정을 어긴 경우에는 등록이 말소될 수 있다. 이는 세제지원을 받을 수 있는 자동말소 또는 자진말소와는 다른 성격의 말소가 된다.
8. 제45조를 위반하여 임대차계약을 해제·해지하거나 재계약을 거절한 경우
9. 제50조의 준주택에 대한 용도제한을 위반한 경우
10. 제48조 제1항 제2호에 따른 설명이나 정보를 거짓이나 그 밖의 부정한 방법으로 제공한 경우

11. 제43조에도 불구하고 종전의 민특법(법률 제17482호 민특법 일부개정법률에 따라 개정되기 전의 것을 말한다. 이하 이 조에서 같다) 제2조 제5호의 장기일반민간임대주택 중 아파트(주택법 제2조 제20호의 도시형 생활주택이 아닌 것을 말한다)를 임대하는 민간매입임대주택 또는 제2조 제6호의 단기민간임대주택에 대하여 임대사업자가 임대의무기간 내 등록말소를 신청(신청 당시 체결된 임대차계약이 있는 경우 임차인의 동의가 있는 경우로 한정한다)하는 경우

   ☞ 자진말소에 관한 내용이다.

12. 임대사업자가 보증금 반환을 지연하여 임차인의 피해가 명백히 발생하였다고 대통령령으로 정하는 경우

13. 제46조에 따른 임대차계약 신고 또는 변경 신고하지 아니하여 시장·군수·구청장이 제61조 제1항에 따라 보고를 하게 하였으나 거짓으로 보고하거나 3회 이상 불응한 경우

14. 제49조 제1항에 따른 임대보증금에 대한 보증에 가입하지 아니한 경우로서 대통령령으로 정하는 경우

15. 그 밖에 민간임대주택으로 계속 임대하는 것이 어렵다고 인정하는 경우로서 대통령령으로 정하는 경우

⑤ 종전의 민특법 제2조 제5호에 따른 장기일반민간임대주택 중 아파트(주택법 제2조 제20호의 도시형 생활주택이 아닌 것을 말한다)를 임대하는 민간매입임대주택 및 제2조 제6호에 따른 단기민간임대주택은 임대의무기간이 종료한 날 등록이 말소된다. 〈개정 2020. 8. 18, 2021. 3. 16〉

☞ 이는 자동말소와 관련된 내용이다.

⑥ 제1항 각 호(제5호 중 제43조 제2항에 따라 민간임대주택을 다른 임대사업자에게 양도하는 경우는 제외한다) 및 제5항에 따라 등록이 말소된 경우에는 그 임대사업자(해당 주택을 양도한 경우에는 그 양수한 자를 말한다)를 이미 체결된 임대차계약의 기간이 끝날 때까지 임차인에 대한 관계에서 이 법에 따른 임대사업자로 본다. 〈개정 2020. 8. 18〉

자동말소와 자진말소 이후의 임대주택과 세법상의 의무에 대해 알아
보자. 이에는 대표적으로 임대료 5% 상한준수의무 등이 있다.

1. 민특법

1) 자동말소와 자진말소

- 자동말소 : 민특법상 4년 또는 8년 임대의무기간이 종료가 되는 경
  우 말소가 되는 제도를 말한다.
- 자진말소 : 민특법상 임대의무기간이 경과하기 전에 등록자의 신청
  에 따라 언제든지 말소할 수 있는 제도를 말한다.

2) 말소에 따른 민특법상의 의무

- 더 이상 민특법상 사업자가 아니므로 이 법에서 정해진 의무는 없
  다. 이에 따라 보증보험 가입의무나 임대료 5% 상한준수의무 등은
  지킬 필요가 없다. 사업자의 지위를 잃었으니 당연한 결과다.
- 참고로 말소 당시의 임대차계약 당사자에 대해서는 민특법을 적용
  한다. 일종의 경과규정에 해당한다.

2. 세법

1) 자동말소와 자진말소

- 자동말소 : 민특법을 따른다.
- 자진말소 : 민특법을 따른다. 다만, 소득세법상 거주주택 비과세와
  양도세 중과배제는 소득세법에서 별도의 요건을 두고 있다. 예를
  들어 임대의무기간의 1/2 이상 임대 후 자진말소를 해야 세제지원
  을 받을 수 있다.

2) 말소에 따른 세제지원의 변화

자동말소와 자진말소가 소득세법상의 거주주택 비과세와 양도세 중

과배제 요건에 어떤 영향을 미치는지 보자.

① 자동말소의 경우
- 거주주택 비과세를 위해서는 거주주택 양도일 현재 임대주택(말소 임대주택 포함)이 있어야 하나, 임대의무기간 외의 요건(임대료 5% 상한 등)은 충족하지 않아도 된다고 한다(근거 : 기재부 재산세제과-151, 2022. 1. 24. 115페이지 참조).
- 자동말소된 임대주택의 양도에 따른 중과배제 요건인 임대료 5% 상한을 지켜야 하는지 이에 대한 명문규정이 없다. 다만, 자동말소의 경우에는 거주주택 비과세처럼 이 요건을 지키지 않아도 중과배제를 받을 수 있을 것으로 판단된다.

② 자진말소의 경우
- 거주주택 비과세를 위해서는 말소 후 임대료 5% 상한 요건은 자동말소처럼 지키지 않아도 될 것으로 보인다(근거 : 기재부 재산세제과-151, 2022. 1. 24).
- 자진말소된 임대주택의 양도에 따른 중과배제 요건인 임대료 5% 상한은 지키는 것이 안전하다(자진말소에 따른 중과배제는 말소 후에도 요건 충족하도록 하고 있기 때문).

※ 자동말소와 자진말소에 따른 소득세제의 적용

구분	자동말소	자진말소
거주주택 비과세	양도일 현재 임대주택이 있어야 하나 임대의무기간 외의 요건은 충족하지 않아도 되는 것으로 해석(기재부)	
양도세 중과배제	규정 없음.	임대의무기간 외의 요건은 충족하도록 하고 있음.

민특법은 '임대료 상한' 규정에 못지않게 '임대의무기간'을 상당히 중요하게 취급하고 있다. 임차인들의 주거안정을 도모하기 위해서는 충분한 기간이 보장되어야 하기 때문이다. 이에 세법도 자체적으로 임대의무기간을 두고 세제지원의 요건을 두고 있다. 그런데 최근 민특법상 자동말소 등의 제도가 도입됨에 따라 다양한 쟁점들이 파생하고 있다. 이하에서 이에 대해 총정리를 해보고자 한다.

1. 민특법상 임대의무기간
1) 임대의무기간
민특법상 임대의무기간은 등록할 때 결정된다. 2020년 8월 18일 이후에는 10년이 기본 임대의무기간이 된다.

2) 임대의무기간 기산일
관할 지자체에 등록한 날과 실제 임대개시일 중 늦은 날을 기산일로 한다. 따라서 등록만 해두고 실제 임대는 나중에 하는 경우에는 후자를 기준으로 임대의무기간을 따지게 된다.

3) 임대의무기간 종료일
10년 등 임대의무기간이 종료된 날이 된다.

2. 세법상 임대의무기간
1) 임대의무기간
민특법과 다르게 각 세목별로 임대의무기간을 별도로 두고 있다.

· 종부세 합산배제·양도세 중과배제 : 5년, 8년(2018. 4. 1), 10년(2020. 8. 18)
· 거주주택 비과세 : 5년

· 조특법상 과세특례 : 8년, 10년

2) 임대의무기간 기산일

관할 지자체에 등록한 날과 관할 세무서에 사업자등록한 날과 실제 임대개시일 중 늦은 날을 기산일로 한다. 따라서 등록만 해두고 실제 임대는 나중에 하는 경우에는 후자를 기준으로 임대의무기간을 따지게 된다.

3) 임대의무기간 종료일

세법에서 정한 날이 끝나는 날이 임대의무기간 종료일이 된다. 다만, 자동말소 등은 민특법상의 임대의무기간을 준용한다.

3. 임대 중 공실에 대한 특례

임대 중에 공실이 발생하면 어느 정도 이를 인정할 것인지의 여부도 중요하다. 이에 대한 규제가 없으면 무분별한 세제지원이 될 수 있기 때문이다. 다시 한번 이에 대해 정리해보자.

1) 민특법

민특법에서는 공실에 대한 구체적인 규정이 없다. 다만, 민특법 제67조 제1항 제1호에서는 다음의 규정을 위반하면 3천만 원의 과태료를 부과한다는 추상적인 내용만 있을 뿐이다.

> 1. 제43조 제1항을 위반하여 임대의무기간 중에 민간임대주택을 임대하지 아니한 자

2) 세법

세법 중 국세법은 다음과 같이 공실에 대한 규정을 두고 있다. 이때 공실은 '기존 임차인의 퇴거일부터 다음 임차인의 입주일까지'를 말한다.

구분	규정	위반 시 불이익
종부세	2년 내 공실은 계속 임대로 봄.	2년 초과 시는 실제 임대기간만 인정
거주주택 비과세	없음.	
양도세 중과배제	3개월 내 공실은 계속 임대로 봄.	3개월 초과 시는 실제 임대기간만 인정
조특법 장특공제 특례	3개월 내 공실은 계속 임대로 봄.	3개월 초과 시는 실제 임대기간만 인정
조특법 양도세 감면	6개월 내 공실은 계속 임대로 봄.	6개월 초과 시는 실제 임대기간만 인정

☞ 여기서 유의할 것은 세법상 공실기간을 위배해 임대하더라도 세제 지원을 박탈하는 것이 아니라 이때는 공실기간을 뺀 나머지 실제 임대기간을 따져 임대의무기간을 적용한다는 것이다.

※ 기획재정부재산–213(2021. 3. 15)

[질의]

(사실관계)

거주주택 양도 당시 및 양도 이후 장기임대주택 임대현황

- (거주주택 양도 당시) 장기임대주택으로 등록한 23채 중 4채 공실
- (거주주택 양도 이후) 장기임대주택으로 등록한 23채 중 6개월 이상 공실 9채

(질의) 소득령§155〈20〉에 따른 거주주택 비과세특례 적용 시

(쟁점 1) 거주주택 양도일 현재 장기임대주택 중 일부가 공실인 경우, 소득령§155〈20〉에 따른 거주주택 비과세특례 요건 충족 여부

〈제1안〉 등록된 장기임대주택 전부 임대 시 특례 요건 충족
〈제2안〉 등록된 장기임대주택 1호 이상 임대 시 특례 요건 충족

(쟁점 2) 거주주택 특례 적용 이후 장기임대주택 중 일부가 소득령§155⟨22⟩2) 각 목에 해당하지 않는 사유로 6개월 이상 공실인 경우, 사후관리규정 위반에 해당하는지 여부

⟨제1안⟩ 사후관리규정 위반에 해당
⟨제2안⟩ 사후관리규정 위반에 해당하지 않음.

[회신]

1. 거주주택 양도일 현재 장기임대주택 중 일부 공실이 발생한 경우에도 그 공실이 자가거주 등 임대 이외의 목적으로 사용되는 것이 아닌 한 임대사업을 계속하고 있는 것으로 보아 소령 제155조 제20항에 따른 거주주택 비과세특례가 적용되는 것입니다. 다만, 관련 장기임대주택이 임대사업목적으로 사용하는지 여부는 사실판단할 사항입니다.
2. 귀 질의 중 쟁점 2의 경우 제2안이 타당합니다.

4. 임대의무기간 경과 전에 임대가 종료된 경우에 대한 특례

세법은 세제지원을 받은 후 부득이한 사유가 발생하면 세제지원의 요건인 5년 등의 임대의무기간을 지키지 못하더라도 이를 충족한 것으로 봐주는 경우가 많다. 이를 요약하면 다음과 같다.

첫째, 민특법 제6조 제5항에 따라 임대의무기간이 종료한 날 등록이 말소된 경우

☞ 이는 자동말소제도로 민특법에 따라 등록이 자동말소되므로 세법상 임대의무기간도 자동으로 충족되도록 하는 제도를 말한다. 여기서 한 가지 기억할 것은 세법상 공실기간이 3개월 등을 초과하더라도 민특법상 등록이 자동말소되면 위 공실기간과 무관하게 세법상 임대의무기간이 충족된 것으로 본다는 것이다.

둘째, 민특법 제6조 제1항 제11호에 따라 임대사업자의 임대의무기간 내 등록말소 신청으로 등록이 말소된 경우(같은 법 제43조에 따른 임대의무기간의 2분의 1 이상을 임대한 경우로 한정한다)

☞ 자진말소는 민특법상의 임대의무기간(4년, 8년)의 1/2만 충족하면 세제지원을 받을 수 있다. 따라서 공실 등의 사유는 중요하지 않다.

셋째, 재개발사업, 재건축사업 또는 소규모재건축사업, 리모델링사업으로 임대기간을 갖추지 못한 경우 등

☞ 재건축 등에 의해 등록이 말소되더라도 세법상 임대의무기간이 충족된 것으로 인정한다. 다만, 이에 의한 사유는 직권말소 등에 해당하기 때문에 말소 전에 받은 혜택에만 유효하며, 장래에 발생할 세제지원에 대해서는 혜택이 주어지지 않는다.

※ 저자 주

임대주택이 상속된 경우에는 피상속인의 권리·의무가 상속인에게 그대로 이전되므로 상속인은 잔여임대기간만 충족하면 대부분의 세제혜택을 그대로 받을 수 있다. 하지만 포괄양수나 증여를 받은 경우에는 세법상의 요건을 별도로 충족해야 세제지원 혜택을 받을 수 있다. 이에 따라 2018년 9월 14일 이후 조정대상지역 내에서 임대주택을 포괄양수받거나 증여받은 경우에는 2018년 9·13조치에 따라 양도세 중과배제를 받을 수 없다(이에 대한 자세한 내용은 제7장 '심층분석' 편을 참조하기 바란다).

주임사의 임대주택에 대해 임대의무기간이 경과하면 등록이 자동말소된다. 그렇다면 말소된 이후의 임대기간 동안 임대료를 5% 초과해서 임대해도 될까? 이하에서 앞에서 본 내용을 종합한다는 관점에서 민특법과 세목별로 이에 대한 판단을 내려보자.

1. 민특법상 말소 후 5% 준수의무

이에 대해서는 규정된 바가 없다. 민특법은 임대의무기간 내에서만 이를 준수하면 되기 때문이다. 참고로 5% 상한 적용기간이 1년 기준인지, 2년 기준인지의 여부에 대해서는 제2장에서 살펴보았다.

2. 세목별 임대료 상한규정

1) 취득세와 재산세 감면

주임사의 임대주택에 대한 취득세와 재산세 감면 규정에서는 이에 대해 정한 바가 없다. 민특법에 따라 규율이 되므로 굳이 지방세제에 이를 도입할 이유가 없기 때문이다.

2) 종부세 합산배제

당초 임대주택에 대한 종부세 합산배제 규정에서는 임대료 증액 제한 규정이 없었다. 그러던 것이 다음처럼 정부의 입법을 통해 2019년 2월 12일 이후 계약분부터 합산배제 요건에 추가되었다.

> · 종부세법 제1항 제1호 다목 등
>
> 다. 임대보증금 또는 임대료의 연 증가율*이 100분의 5를 초과하지 않을 것
> (2019. 2. 12 신설)
>
> * 2020. 2. 11 개정에서 '연'이 삭제됨.

종부세의 경우 임대등록이 말소되면 더 이상 사업자가 아니므로 말소 후에는 무조건 종부세를 과세하고 있다. 따라서 이 경우 임대료 5% 상한은 별 의미가 없다.

☞ 이처럼 자동말소 등에 의해 임대등록이 폐지되면 더 이상 민특법 상 사업자가 아니므로 민특법상 의무를 지키지 않아도 된다. 세법 도 이러한 기조에 맞춰 법을 만들고 해석하는 것이 옳은 방향이다. 대표적으로 종부세법이 그렇다.

3) 소득세법상 거주주택 양도세 비과세

앞의 종부세와 마찬가지로 거주주택 비과세의 요건 중 하나로 2019 년 2월 12일에 이 제도가 도입되었다.

> **· 소령 제20조 제1호**
> 2. 장기임대주택 : 양도일 현재 법 제168조에 따라 사업자등록을 하고, 장기 임대주택을 민특법 제5조에 따라 민간임대주택으로 등록하여 임대하고 있 으며, 임대보증금 또는 임대료의 연 증가율이 100분의 5를 초과하지 않을 것(2019. 2. 12 개정)

☞ 거주주택에 대한 비과세를 받기 위해서는
- (거주주택) 양도일 현재 사업자등록 유지, 5% 상한율을 유지해야 거 주주택 비과세를 적용한다고 해석을 하고 있다.
- 따라서 임대료 5% 상한율은 거주주택 양도 시까지 지키는 것이 현 실적으로 안전하다.[20]

4) 소득세법상 임대주택 양도세 중과배제

앞의 종부세나 거주주택 비과세처럼 2019년 2월 12일에 도입되었다.

---

20) 단, 거주주택 양도일 현재, 장기임대주택이 자진·자동말소된 경우에는 그렇지 않다.

☞ 앞에서 검토했던 것처럼

- 자동말소의 경우에는 말소 후에 5% 상한율 준수해야 하는지의 여부에 대해서는 언급된 바가 없다.
- 자진말소의 경우에는 임대의무기간 요건 외의 요건을 갖추도록 하고 있다. 따라서 말소일로부터 1년 사이에서 임대차계약을 맺는 경우에는 5%룰을 준수해야 한다.

5) 조특법상 장기보유특별공제 50~70% 적용

이는 앞과는 달리 2014년 4월 1일에 도입되었다. 즉 조특법상 파격적인 특례를 주기 위해 민특법에 명시된 임대료 증액 제한 요건을 세법에 직접 담았다.

☞ 이 규정에 따르면 8년 또는 10년 이상의 임대기간 중 5%룰을 지키면 50% 등의 특례를 받을 수 있다고 판단된다. 따라서 이 기간이 종료된 이후에 5% 초과해 임대료를 증액시켰다고 해서 감면을 박탈할 수는 없다고 판단된다.

6) 조특법상 양도세 100% 감면

2014년 12월 23일에 다음과 같이 신설되었다.

· **조특법 제97조의5(장기일반민간임대주택 등에 대한 양도소득세 감면)**
① 거주자가 다음 각 호의 요건을 모두 갖춘 '민특법' 제2조 제4호에 따른 공공지원민간임대주택 또는 같은 법 제2조 제5호에 따른 장기일반민간임대주택을 양도하는 경우에는 대통령령으로 정하는 바에 따라 임대기간 중 발생한 양도소득에 대한 양도세의 100분의 100에 상당하는 세액을 감면한다(2018. 1. 16 개정).
1. 2018년 12월 31일까지 '민특법' 제2조 제3호의 민간매입임대주택 및 '공공주택 특별법' 제2조 제1호의3에 따른 공공매입임대주택의 매입임대주택을 취득(2018년 12월 31일까지 매매계약을 체결하고 계약금을 납부한 경우를 포함한다)하고, 취득일로부터 3개월 이내에 '민특법'에 따라 장기일반민간임대주택등으로 등록할 것(2018. 1. 16 개정)
2. 장기일반민간임대주택등으로 등록 후 10년 이상 계속하여 장기일반민간임대주택등으로 임대한 후 양도할 것(2018. 1. 16 개정)
3. 임대기간 중 제97조의3 제1항 제2호의 요건을 준수할 것(2014. 12. 23. 신설)*
* 앞에서 본 임대보증금 또는 임대료 증액 제한 요건을 말한다.

☞ 위 규정은 10년 장기임대한 임대주택에 대해 양도세 100%를 감면하는 것으로 임대료 5% 상한은 위 임대기간 중에 지키면 감면이 적용된다고 판단된다.

3. 결론

이상의 내용을 검토한 결과는 다음과 같이 정리된다.

- 지방세법과 민특법은 말소 이후의 임대료 상한에 대해 정한 바가 없다.

- 종부세법은 말소가 되면 더 이상 사업자가 아니므로 5%룰 준수와 관계없이 무조건 종부세를 과세한다.
- 소득세법상 거주주택 비과세는 거주주택의 '양도일 현재'를 기준으로 임대주택에 대한 요건을 판단하나, 말소 이후에는 5%룰을 적용하지 않는다(기재부 예규).
- 소득세법상 중과배제는 자동말소에 대해서는 정해진 바가 없지만, 자진말소의 경우에는 1년 내 처분 전에는 5%룰을 지켜야 한다.
- 조특법상 장기보유특별공제 특례와 양도세 감면은 해당 임대기간 중에 5%룰을 지키면 감면을 허용한다.

※ 저자 주

앞에서 보았듯이 2022년 3월 현재, 자진말소 시의 중과배제의 경우에만 말소 이후 5% 상한율을 준수하고 이외는 이를 준수하지 않아도 종전혜택을 받을 수 있는 것으로 판단할 수 있다. 그런데 2022년 1월 24일에 기재부 예규가 발표되기 전까지는 거주주택의 양도일까지 임대료 5%룰을 갖추라는 해석이 난무했다. 하지만 저자의 입장에서는 자동말소된 후 5% 상한율 위배한 상태에서 거주주택을 양도해도 비과세가 성립한다고 판단했다. 종전의 해석처럼 '양도일 현재'란 문구만 보고 판단하면 이를 지켜야 하는 것으로 보이지만, 전체 맥락을 보면 5%룰은 민특법상 등록을 유지한 상황에서만 준수하면 되기 때문이다. 즉 주택임대사업자로서 주어진 의무를 충실히 이행했다면 말소된 이후에는 더 이상 민특법상 사업자가 아니므로 이에 5%룰을 적용하면 안된다는 것이다. 실제 그동안 종부세 합산배제와 양도세 중과세 적용배제는 요건을 같이 두어 왔고, 자동말소 후 5% 상한율을 준수하더라도 종부세가 과세된다는 점에서 자동말소는 더 이상 임대사업자가 아님을 의미한다. 따라서 자동말소 후 5% 상한율을 준수하지 않았다고 해서 거주주택 비과세를 적용하지 않거나 자동말소에 따른 양도세 중과세를 적용하는 것은 법리상 문제가 있다. 결국 최근의 기재부 예규는 임대의무기간 내에서만 임대료 증액제한 요건 등을 충족하면 세법이 더 이상 관여할 수 없다는 것을 표현한 것으로 보인다.

Tip 장기임대주택 자진말소 또는 자동말소 후 거주주택 특례요건을 계속 준수해야 하는지 여부

※ 양도, 기획재정부 재산세제과-151, 2022. 1. 24

1. 사실관계

2012년	2017년	2021년 1월	2021년 1월 이후	2021년 1월 이후
甲 용인 소재 A주택 취득 (2년 이상 거주)	甲 용인 소재 B주택 취득 임대사업자 등록	B주택 임대사업자등록 자동말소	甲 B주택 전입해 거주 예정	甲 A주택 양도 예정

- 甲은 2012년 용인 소재 A아파트 취득해 2년 이상 거주
- 甲은 2017년 용인 소재 B주택 취득해 단기임대사업자 등록
- 2021년 1월 B임대주택 임대주택등록 자동말소되어 거주 예정
- 甲은 B임대주택에 전입해 거주한 후, A주택을 양도할 예정
* B주택은 자동말소 전까지 소득령§167의3①(2)가목 및 소득령§155⑳ 장기임대주택요건을 충족한 것으로 전제

2. 질의 내용

소득세법 시행령 제155조 제23항에 따라 장기임대주택이 자진말소 또는 자동말소 후 5년 이내

- (질의 1) 장기임대주택에 전입·거주하여 장기임대주택을 임대하고 있지 않은 상태에서 거주주택을 양도하는 경우, 소득령§155⑳(이하 '쟁점특례')이 적용 가능한지 여부

  (제1안) 쟁점특례 적용 불가능

  (제2안) 쟁점특례 적용 가능

- (질의 2) 거주주택 양도일까지 장기임대주택의 임대료 증액상한(5%)을 준수하지 않아도 쟁점특례가 적용 가능한지 여부

  (제1안) 쟁점특례 적용 불가능

  (제2안) 쟁점특례 적용 가능

- (질의 3) 거주주택 양도일까지 장기임대주택의 세무서 사업자등록을 유지하지 않는 경우 쟁점특례가 적용 가능한지 여부

  (제1안) 쟁점특례 적용 불가능

  (제2안) 쟁점특례 적용 가능

3. 회신

귀 질의에 대하여 쟁점 1, 2, 3 모두 각각 제2안이 타당합니다.

제 **4** 장

주택임대사업자의 양도소득세 실무 관련 기초지식 쌓기

01 주택임대업에 대한 세제정책의 변화

주택임대업에 대한 세제를 잘 이해하기 위해서는 무엇보다도 이에 대한 세제의 변천사를 잘 알아야 한다. 주요 흐름 정도만 알아보고 이 중 양도세와 관련된 내용만 선별적으로 다시 정리를 해보자.

1. 민특법의 역사

우리나라가 민특법에 대한 법률적인 체계를 갖춘 때는 1984년 12월 31일에 법률 제3783호로 제정되고, 1985년 1월 1일에 시행된 임대주택건설촉진법이다. 이후 이 법은 1994년 4월 1일 임대주택법으로 명칭이 변경되었으며, 2015년 12월 29일 민간임대주택에 관한 특별법(민특법)으로 개명되어 현재에 이르고 있다.

2. 주택임대사업에 대한 세제의 역사

주택임대사업에 대한 세제는 민특법처럼 단일의 법이 존재하는 것이 아니라, 지방세법과 국세법 등에서 혼재한 상태로 되어 있다. 다만, 이에 대한 세제혜택은 국세 중 양도세에서 시작되었다.

1) 주택임대사업에 대한 세제혜택의 태동기

주택임대사업에 대한 세제의 혜택은 1998년 12월 28일에 신설되고, 1999년 1월 1일에 시행된 조특법 제97조 '장기임대주택에 대한 양도세등의 감면'과 같은 규정이다. 그 이전까지는 현재와 같은 주택임대사업에 대한 개념이 정착되지 않았고, 임대주택에 대한 세제혜택을 부여할 이유가 없었기 때문이다. 그렇다면 이때 세제혜택이 왜 시작되었을까? 그것은 다름 아닌 그 당시 우리나라가 외환위기를 겪기 시작해 이를 타개하는 관점에서 다음과 같은 혜택을 부여하기 시작했기 때문이다.

· 장기임대주택 : 1986. 1. 1~2000. 12. 31의 기간 중 신축된 주택을 취득해 5호 이상 국민주택을 5년 이상 임대 후 양도 시 : 50~100% 양도세 감면
· 민특법상 건설임대주택이나 매입임대주택 : 1995. 1. 1~2000. 12. 31의 기간 중 신축된 주택으로 취득 당시 입주사실이 없는 주택을 5년 이상 임대 후 양도 시 100% 양도세 감면

이러한 세제혜택은 주로 미분양주택의 해소를 위한 목적에서 감면이 단행되었으며, 이후에서 별도의 규정을 통해 새로운 감면이

단행되었다.

2) 주택임대사업에 대한 세제혜택의 확장기

외환위기 시절 미분양주택 등에 대한 막대한 세제혜택은 건설경기의 부양에 상당한 효과를 거두었다. 이에 고무된 정부 등에서는 주택경기의 활성화를 위해 조세감면제도를 적극 이용하기에 이르렀다.

※ 최근 신설된 주택임대사업자의 세제혜택

구분	신설 연월일	근거법
① 양도세 중과세 제외	2003. 12. 30	소령 제167조의3 등
② 종부세 합산배제	2005. 5. 31	종부세법 제8조
③ 취득세·재산세 감면	2010. 3. 31	지특법 제31조
④ 거주주택 비과세	2011. 10. 14	소령 제155조
⑤ 임대소득세 감면	2014. 1. 1	조특법 제96조
⑥ 장기보유특별공제 50%, 70% 적용	2014. 1. 1	조특법 제97조의3
⑦ 장기임대주택 양도세 100% 감면	2014. 12. 23	조특법 제97조의5

앞의 ①~⑦까지의 내용은 취득, 보유, 임대, 양도의 모든 단계에서 감면책을 말한다. 한마디로 주택을 취득 후 양도할 때까지 전거래단계에서의 세부담을 최소화해 적극적으로 주택임대사업을 유지하려는 동기가 강하게 작용되었고, 실제 이러한 영향 등으로 인해 주택임대사업자가 급속하게 증가되었다.[21]

---

21) 국토교통부 발표자료에 의하면 2016년 말 19.9만 명이던 등록사업자가 2020년 1분기 51.1만 명으로 증가되었으며, 이들이 임대한 주택은 79만 호에서 156.9만 호로 증가했다.

3) 주택임대사업에 대한 세제혜택 축소기

주택임대사업에 대한 세제혜택은 국가가 마땅히 해야 할 일을 민간이 자유롭게 할 수 있도록 이를 지원하는 데서 출발했다. 그런데 정책입안자들이 생각하는 것처럼 시장이 순탄하게 흘러가지 않았다. 시장 참여자들이 과도한 세제혜택을 활용해 주택을 매입해 등록함으로써 시장에 매물품귀현상이 빚어지게 되었다. 그러자 최근 들어선 정부에서는 이 제도를 대폭 손질을 하게 되었다. 이를 표로 정리하면 다음과 같다.

※ 최근 강화된 주택임대사업자의 세제혜택 축소

구분	주요 내용
① 2017년 8·2 대책	2018년 4월 1일 이후는 8년 장기임대등록 시만 양도세 중과세 제외 및 종부세 합산배제
② 2018년 9·13 대책	2018년 9월 14일 이후 조정대상지역22)에서 취득한 주택을 등록한 경우 양도세 중과세 적용 및 종부세 합산과세
③ 2019년 2월 12일 소령 개정	· 2019년 2월 12일 이후 취득분 평생 1회만 거주주택 비과세 적용 · 조특법상 감면 외의 모든 국세 세목에 대해 임대료 상한율 5퍼센트 준수의무 적용
④ 2019년 12·16 대책	1세대 1주택 비과세 요건 중 거주주택 요건 면제위한 임대등록 불허
⑤ 2020년 7·10 대책	자동말소 및 자진말소에 따른 변경된 세제의 적용(변경된 세제 시행일 : 2020년 7월 11일)

이 중 ⑤의 7·10대책이 가장 큰 영향을 주었는데, 이로 인해 아파트는 신규 임대등록이 불허되면서 사실상 세제지원이 중단되었다. 다만, 대책 발표일 이전에 임대등록한 주택들은 자동말소 등이 되더라도 세제혜택은 계속 누릴 수 있게 되었다.

---

22) 조정대상지역에 대한 지정 및 해제현황은 '대한민국 전자관보'에서 확인할 수 있다.

02
주임사에 대한
양도세 지원제도

주임사는 기본적으로 다주택자에 해당한다. 따라서 이들이 보유한 주택을 양도하면 중과세 등을 적용하는 것이 원칙이다. 하지만 요건을 갖춘 임대주택에 대해서는 세제지원이 필요한데, 이에 대표적으로 거주주택 비과세와 양도세 중과배제 등이 있다. 이하에서 주임사에 대한 양도세 지원제도에 대해 알아보자.

1. 주임사의 양도세 적용법

양도세 계산구조를 통해 주임사의 양도세와 관련된 세제혜택을 살펴보면 다음과 같다.

구분		주임사 특례	근거조항
비과세		거주주택 비과세	소령 제155조 제20항
과세	양도가액		
	취득가액		
	필요경비		
	▼ 양도차익		
	장기보유특별공제	· 단기임대 : 6~30%+2~10% · 장기임대 : 50~70%	조특법 제97조의3, 제97조의4
	▼ 양도소득금액		
	기본공제		
	▼ 과세표준		
	× 세율	중과세 적용배제	소령 제167조의3, 제167조의10 등
	▼ 산출세액		
	감면세액	양도세 100% 감면	조특법 제97조의5
	▼ 자진납부할 세액		

주임사에 대한 양도세 지원은 크게 네 가지 유형이 있다.

· 거주주택 비과세(소득세법)

· 중과세율 적용배제(소득세법)

· 장기보유특별공제 특례(조특법)

· 양도세 감면(조특법)

2. 비과세 지원

장기임대주택과 거주주택을 보유한 경우 생애 1회 내에서 거주주택에 대해 비과세 지원을 한다.

· 거주주택 비과세(1세대 1주택, 일시적 2주택, 기타 비과세특례)

· 최종 임대주택의 거주주택 전환 시 비과세(직전거주주택 양도일 이후분에 한함)

☞ 거주주택 비과세는 주임사의 거주용 주택에 대한 특례적인 성격의 제도에 해당한다. 따라서 일반규정인 1세대 1주택 비과세와는 달리 요건이 매우 까다롭다. 이는 그만큼 리스크가 크다는 것을 의미한다.

3. 양도세 과세 시 지원

주택임대사업자가 임대주택을 임대의무기간 후에 양도하는 경우에는 최종 1주택을 제외하고 양도세가 과세되는 것이 일반적이다. 하지만 정부는 민간 스스로 임대등록을 유도하기 위해 양도세에서 큰 혜택을 주어왔다. 대표적으로 중과세 적용배제, 장기보유특별공제율 확대적용, 양도세 감면 등이 있다.

· 중과적용배제(소득세법)
· 장기보유특별공제 특례(조특법)
· 양도세 감면(조특법)

Tip 1주택자의 임대주택 거주 요건 적용배제

2017년 8월 3일 조정대상지역 내에서 취득한 주택에 대해 비과세를 받기 위해서는 2년 거주 요건이 적용된다. 그런데 이때 거주 요건을 면제받기 위해 임대사업자등록을 한 경우에는 거주 요건을 적용하지 않는다. 이 제도는 소령 제154조 제1항 제4호에 있던 내용으로 2019년 12월 16일 이전에 등록한 사업자에 대해 적용되고 있다.

> 4. 거주자가 해당 주택을 임대하기 위하여 법 제168조 제1항에 따른 등록과 '민간임대주택에 관한 특별법' 제5조에 따른 임대사업자등록을 한 경우. 다만, '민간임대주택에 관한 특별법' 제43조를 위반하여 임대의무기간 중에 해당 주택을 양도하는 경우와 임대보증금 또는 임대료의 연 증가율이 100분의 5를 초과하는 경우는 제외한다(2019. 2. 12 단서개정).

☞ **자동말소와 자진말소에 의한 경우 거주 요건은 어떻게 될까?**
2020년 8월 18일 이후 자동말소가 되거나 자진말소를 한 경우 이에 대한 요건이 어떤 식으로 적용될 것인지에 대해 다음과 같은 예규가 발표되었다. 즉 자동말소는 물론이고 민특법에 따라 자진말소를 하는 경우에도 앞의 거주 요건을 적용하지 않는다.

※ 서면법령해석재산2020-3974(2021. 3. 8)

[제목] 임대사업자 등록을 자진말소하는 경우에도 거주 요건이 적용되는지.

[요약] 민특법(2020. 8. 18 법률 제17482호로 개정된 것) 제6조 제1항 제11호에 따라 임대의무기간 내 등록 말소신청으로 등록이 말소된 경우에는 1세대 1주택 비과세를 적용 시 거주기간의 제한을 받지 아니하는 것임.

[질의]

(사실관계)

· '17. 12월 A분양권(서울 소재) 취득
· '19. 2월 A아파트 입주 후 전세임대
· '19. 3월 A아파트 단기임대사업자 등록(지자체, 세무서)

(질의내용)

· 구 '소득세법 시행령'(대통령령 제30395호, 2020. 2. 11로 개정되기 전의 것) 제154조 제1항 제4호에 해당하는 임대주택의 임대사업자등록을 '민간임대주택에 관한 특별법' 제6조에 따라 자진말소하는 경우에도 거주 요건을 적용하는지.

[회신]

귀 질의의 경우와 같이, 1세대가 조정대상지역에 1주택을 보유한 거주자로서 2019년 12월 16일 이전에 해당 주택을 임대하기 위해 소득세법 제168조 제1항에 따른 사업자등록과 민특법 제5조제1항에 따른 임대사업자로 등록을 신청한 경우로서 임대주택의 임대사업자 등록을 민특법(2020. 8. 18 법률 제17482호로 개정된 것) 제6조 제1항 제11호*에 따라 임대의무기간 내 등록 말소신청으로 등록이 말소된 경우에는 1세대 1주택 비과세를 적용 시 거주기간의 제한을 받지 아니하는 것입니다.

* 자진말소를 말한다.

03
주임사의
거주주택 비과세지원 원리

비과세는 국가가 과세권을 포기하는 것으로 수요자의 입장에서는 가장 선호하는 제도에 해당한다. 이는 주임사의 관점에서도 마찬가지다. 다만, 주임사는 기본적으로 다주택자에 해당하므로 제한적으로 비과세 혜택을 누릴 수 있다. 이하에서는 주임사의 거주주택에 대한 비과세원리에 대해 알아보자.

1. 1세대 1주택 비과세(소령 제154조)

일반적으로 가족들(1세대)이 1주택을 보유한 상태에서 비과세요건을 갖춰 이를 양도하면 비과세를 적용한다. 다만, 다음과 같은 요건이 있다.

· 1세대가 1주택을 보유할 것
· 1주택을 2년 이상 보유할 것[23]
· 조정대상지역은 2년 이상 거주할 것
· 양도일 현재 실거래가액이 12억 원 이하일 것(12억 원 초과분은 일부 양도차익에 대해 과세)

이처럼 1세대 1주택의 경우라도 비과세 요건이 상당히 까다롭다. 특히 2년 이상 보유 요건은 산정방법이 달라지는데 이 부분에 주의해야 한다.

구분	2020년 12월 31일 이전	2021년 1월 1일 이후
2년 이상 보유할 것	양도일 현재 2년 보유하면 족함.	최종 1주택만 보유한 날로부터 2년 보유해야 비과세가 성립함.
비고	다주택자에게 유리함.	다주택자에게 불리함.

2. 일시적 2주택(소령 제155조 제1항·제5항)

1주택자가 다른 주택을 구입해 일시적으로 2주택이 되는 경우가 있다. 이때는 다음과 같은 비과세 요건을 두고 있다.

· 1세대가 일시적으로 2주택을 보유할 것
· 종전주택과 나중에 취득한 주택의 보유기간이 1년 이상일 것

---

23) 2021년 이후부터 최종 1주택만을 보유한 날로부터 2년 이상 보유해야 한다.

· 종전주택은 나중에 취득한 주택의 취득일로부터 1~3년 내 양도할 것
· 종전주택은 양도일 현재 1주택을 2년 이상 보유할 것[24]
· 조정대상지역은 2년 이상 거주할 것
· 새로운 주택(대체주택)을 취득한 날로부터 1년 내 전입할 것 (2019년 12·16 대책)
· 양도일 현재 실거래가액이 12억 원 이하일 것(12억 원 초과분은 일부 양도차익에 대해 과세)

이렇게 보니 일시적 2주택 비과세제도는 앞의 것에 비해 더 복잡하다. 종전주택을 기한에 맞춰 양도해야 하고 최근 전입의무도 생겼기 때문이다. 이를 좀 더 자세히 보면 다음과 같다.

구분	1년	2년	3년
의무	처분 및 전입	처분	처분
적용대상	조정대상지역 → 조정대상지역		좌 외
적용시기	2019. 12. 17 이후 새로운 주택(대체주택)을 취득한 경우	2018. 9. 13~2019. 12. 16 사이에 새로운 주택(대체주택)을 취득한 경우	
예외	새로운 주택에서 잔여 임대차계약이 있는 경우 최대 2년간 유예		

---

24) 2021년 11월 2일 이후 다주택자가 인위적으로 일시적 2주택을 만들면 최종 1주택에 대한 비과세 보유기간(거주기간)을 재산정한다.

3. 주임사 거주주택 비과세특례

1) 2주택 이상 보유자에 대한 비과세특례(소령 제155조 제2항 이하)

원래 1세대 2주택 이상을 보유하면 앞의 '일시적 2주택'을 제외하고는 비과세를 해주지 않는다. 하지만 이외에 부득이하게 2주택 이상을 보유한 경우가 있다. 예를 들어 1주택을 보유하고 있는데, 주택을 상속받거나 부모님과 집을 합하면서 또는 혼인하면서 2주택을 보유하게 되었거나 농어촌에 주택을 보유하고 있는 경우가 대표적이다. 이외에도 주임사가 보유한 거주주택이 있을 수 있다. 이에 세법은 이들의 다주택 보유동기가 부득이한 것으로 보아 2주택 이상이 된 경우에도 이에 대한 비과세특례를 적용하고 있다. 이를 종합하면 다음과 같다.

구분	비과세 요건
주택을 상속받은 경우	일반주택을 처분 시 비과세(처분기한 없음)
동거봉양을 한 경우	합가일로부터 10년 내 처분 시 비과세
혼인을 한 경우	혼인일로부터 5년 내 처분 시 비과세
농어촌에 주택이 있는 경우	일반주택을 처분 시 비과세(귀농주택 취득 시 일반주택은 5년 내 처분 시 비과세)
재건축·재개발이 있는 경우	재건축 등에 따른 특례에 따름.
장기임대주택이 있는 경우	2년 거주한 주택에 대해서는 1세대 1주택으로 보아 비과세를 적용함(생애 동안 1회 적용).

2) 주임사에 대한 비과세특례(소령 제155조 제20항)

주임사가 보유한 주택 수는 2채 이상일 가능성이 높다. 따라서 원래 일반규정에 의해 거주주택에 대해서는 비과세를 받을 수 없지만, 소령 제155조 제20항에서 특례를 두고 있다. 즉 이 조항은 '장기임대주택 외 1주택(거주주택)'을 보유하고 있을 때 거주주택에 대해 비과세를 적용하는 제도에 해당한다.[25]

이 중에서 이 책의 주요 관심사인 주임사의 거주주택 비과세 요건을 조금 더 자세히 보면 다음과 같다.

구분	내용	비고
임대주택	소령 제167조의3 제1항 제2호의 장기임대주택(등록시기는 무관) + 기준시가 6억(3억)원 이하 + 5년 이상 임대+임대료 5% 증액 제한 등 요건을 갖출 것	
거주주택	2년 이상 거주할 것	단, 2019. 2. 12 이후 취득분은 평생 1회만 비과세 가능

즉 주임사가 소령 제155조 제20항에서 규정하고 있는 장기임대주택의 요건을 갖춘 상태에서 본인이 2년 이상 거주한 주택을 양도하면 생애 동안 1회 내에서 비과세를 적용한다.

3) 주임사에 대한 말소제도 도입과 비과세지원 원리

주임사가 임대한 주택이 자동말소나 자진말소된 경우 말소일로부터 5년 내 거주주택을 양도해야 비과세를 적용받을 수 있다.

---

25) 소령 제155조 제20항은 장기임대주택 외 1주택(입주권 제외)만 보유하고 있을 때 적용되는 제도에 해당한다.

· 자동말소 → 최초 말소일로부터 5년 내 거주주택 양도
· 자진말소 → 최초 말소일로부터 5년 내 거주주택 양도(단, 임대
  의무기간 1/2 이상 임대 후 자진말소한 경우에 한함)

☞ 민특법상 자동말소나 자진말소가 아닌 사유로 말소되는 경우
  해당 주택은 더 이상 임대주택이 아니라 일반주택에 해당함에
  유의해야 한다. 따라서 이 경우 거주주택에 대한 비과세를 받
  기 위해서는 소령 제155조 제20항이 아닌 제154조 제1항이나
  제155조 제2항 등을 적용받게 된다.[26]

Tip 장기임대주택 외 주택 수별 거주주택 비과세판단과 대응법

임대사업자가 보유한 일반주택에 대한 비과세판단과 이에 대한 대응법을 정리해보자. 자세한 것은 제5장에서 알아본다.

구분	과세방식	비고
① 장기임대주택 외 1주택 보유 시	비과세 가능	단, 2년 이상 거주 등 요건을 갖춰야 한다.
② 장기임대주택 외 2주택 보유 시	일시적 2주택 비과세 가능	
③ 장기임대주택 외 3주택 이상 보유 시	비과세가 중첩 적용되는 경우를 제외하고는 비과세 가능성 거의 없음.	

---

26) 예를 들어 장기임대주택과 1주택을 보유 중에 장기임대주택을 자진말소가 아닌
   임의로 등록을 말소하면 일반주택이 2주택이 되는 것이다.

①의 경우, 임대주택을 제외한 1주택은 실수요자로 보아 비과세를 적용하고 있다. 다만, 무분별한 비과세를 억제하기 위해 전국적으로 2년 이상 거주가 필요하다. ②의 경우 임대주택을 제외한 일반주택이 일시적 2주택에 해당하면 역시 비과세가 가능하다. 하지만 일시적 2주택에 대한 비과세는 처분기한(3년, 2년, 1년)이 새로운 주택의 취득 시기별로 달라지므로 이 부분을 잘 맞춰야 비과세를 받을 수 있게 된다. 또한 2021년 이후부터는 1주택을 보유한 날로부터 2년 이상 보유해야 보유기간을 충족한 것으로 본다는 점, 그리고 2019년 2월 12일 이후 취득분은 평생 1회만 거주주택에 대한 비과세가 허용된다는 점도 변수에 해당하므로 정교한 검토가 필요하다. ③의 경우에는 비과세가 중첩 적용되는 경우(일시적 2주택, 상속주택 특례 등)를 제외하고 비과세의 가능성이 떨어지므로 처분을 서두르는 것이 좋을 것으로 보인다.

☞ 거주주택 비과세를 적용함에 있어 소령 제154조와 제155조를 동시에 적용받는다는 점에 다시 한번 유의해야 한다.
　　즉 장기임대주택 외 거주주택에 대해 비과세가 적용되기 위해서는
　　– 1세대 1주택에 해당하고
　　– 양도일 현재 2년 이상 거주(보유)해야 한다.
　　– 이때 다주택 상태에서 1주택이 된 경우에는 2년 이상 보유 및 거주를 1주택이 된 날로부터 다시 해야 한다(소령 제154조 제5항).[27]

그런데 만일 1주택 보유자가 새로운 주택을 취득해 일시적 2주택으로 거주주택을 양도하는 경우에는
– 신규주택은 종전주택 취득일로부터 1년 이후에 취득해야 하고
– 신규주택을 취득한 날로부터 1~3년 내 종전주택을 양도해야 하고
– 때에 따라서는 신규주택으로 전입을 해야 하며
– 만일 이 과정에서 다주택자가 처분을 통해 일시적 2주택을 만든 경우에는 최종 1주택에 대해 적용되는 보유 및 거주기간 리셋제도가 적용된다.

이처럼 소령 제155조 제20항에 따른 거주주택 비과세는 일반규정에 의한 비과세 요건과 장기임대주택에 대한 요건이 복합되어 상당히 복잡한 양상을 일으키고 있다.

---

27) 보유기간 리셋제도는 이 장의 '심층분석'을 참조하기 바란다.

04 임대주택 양도세 지원원리

임대주택에 대한 양도세 지원원리를 알아보자. 이와 관계된 제도 중 중과배제는 소득세법, 장기보유특별공제 특례와 양도세 감면은 조특법에서 규정하고 있다. 이 중 중과배제 규정이 생각보다 까다롭다. 부동산 대책에 따라 그 요건이 강화되었기 때문이다.

1. 중과세율 적용배제

1) 중과적용배제
세율은 크게 일반세율과 중과세율로 구분된다.

구분	세율	비고
일반세율	보유기간에 따른 세율 · 주택 : 70%, 60%, 6~45% · 이외 : 50%, 40%, 6~45%	
중과세율	· 2주택 중과세 : 6~45%+20% · 3주택 중과세 : 6~45%+30% · 비사업용 토지 : 6~45%+10%	· 원칙 : 주택임대업 등록 시 적용배제 · 예외 : 2018. 9. 14 이후 취득분은 제외(조정대상지역)

주택임대업으로 등록한 주택들은 '임대유형 요건, 기준시가 요건, 임대의무기간 요건, 임대료 5% 상한 요건' 등을 동시에 충족하면 중과배제를 한다. 이러한 원리는 종부세 합산배제와 궤를 같이 한다.

2) 자동말소와 중과적용배제

자동말소가 되면 임대의무기간은 충족되는 것으로 본다. 이 경우 처분기한 없이 중과세를 적용하지 않는다. 따라서 6~30%의 장기보유특별공제와 6~45%의 세율을 적용받을 수 있다. 말소 후 임대료 5% 상한 요건을 지켜야 하는지에 대해서는 제3장에서 살펴보았다.

3) 자진말소와 중과적용배제

임대의무기간의 1/2 이상 임대한 상황에서 자진말소가 되면 임대의무기간은 충족되는 것으로 본다. 이 경우 말소일로부터 1년 내 해당 주택을 처분하면 중과세를 적용하지 않는다. 따라서 이때 6~30%의 장기보유특별공제와 6~45%의 세율을 적용받을 수 있다. 말소 후 임대료 5% 상한 요건을 지켜야 하는지에 대해서는 제3장에서 살펴보았다.

2. 장기보유특별공제 특례

1) 장기보유특별공제 특례

장기보유특별공제는 다음과 같이 적용되고 있다.

구분		공제율	일몰
소득세법	일반 공제율	6~30%	없음.
	1주택 공제율	20~80%	없음.
	중과세 대상 주택	0%	없음.
조특법	단기임대+6~10년 이상 임대	6~30%+2~10%	2018. 3. 31(등록)
	장기임대+8~10년 미만 임대	50%	· 매입임대 : 2020. 12. 31(등록) · 건설임대 : 2022. 12. 31(등록)
	장기임대+10년 이상 임대	70%	

이 규정은 원래 소득세법에서 규정하고 있는데, 여기에서는 6~30%를 적용하거나 0%를 적용하는 식으로 되어 있다. 이에 국세의 특례법인 조특법에서는 조세정책적인 목적으로 소득세법과는 무관하게 50% 등을 적용한다. 물론 조특법에서는 별도의 요건을 두고 있다.

☞ 양도세 중과세가 적용되는 주택은 소득세법에 의해 특별공제가 적용되지 않으나 조특법상의 요건을 갖추면 최대 70%까지 받을 수 있다. 조특법이 소득세법보다 우선해서 적용되기 때문이다.

2) 자동말소와 장기보유특별공제 특례

장기임대에 대해 적용되는 50~70%는 장기로 임대한 기간이 최소 8년이 되어야 하므로 8년 자동말소 시에는 50%만 받을 수 있다.

3) 자진말소와 장기보유특별공제 특례

8년이 경과하기 전에 자진말소하면 이 제도는 적용받을 수 없다.

3. 양도세 감면제도

1) 양도세 감면내용

양도세 감면은 다음과 같이 적용되고 있다. 이러한 감면은 모두 조특법에서 규정하고 있다.

구분	내용	비고
미분양주택 등에 대한 감면	수시로 발표	수시
주임사에 대한 감면	· 전용면적 : 85㎡ 이하 · 기준시가 : 6·3억 원 이하(2018. 9. 14 이후 취득분부터 적용) · 임대의무기간 : 10년 · 임대료 상한률 : 5%	2018. 12. 31 (이전 계약분 포함)

임대주택을 2018년 12월 31일 이전까지 등록한 경우로서 10년 이상 임대하면 양도세 100%를 감면받을 수 있다.

2) 자동말소와 감면

8년 장기임대에 대해 자동말소가 되면 이 감면을 받을 수 없다. 따라서 아파트는 이 감면을 받을 수 없지만 그 외 다세대주택 등은 100% 감면을 받을 수 있다.

3) 자진말소와 감면

10년이 경과하기 전에 자진말소하면 이 제도는 적용받을 수 없다.

Tip 민특법과 세법상의 임대의무기간과 말소 등에 따른 세제지원과의 관계

구분	임대의무기간		세제지원을 위한 임대의무기간 기준	
	기산일	종료일	자동·자진말소	좌 외
민특법	둘 중 늦은 날(관할 지자체 등록일, 임대개시일)	4년, 8년, 10년	민특법상 기준	–
세법	셋 중 늦은 날(관할 지자체 등록일, 관할 세무서 등록일, 임대개시일)	5년, 8년, 10년	–	세법상 기준

Tip 소득세법과 조특법상의 장기보유특별공제제도

소득세법은 해당 자산의 취득일부터 양도일까지의 전체 보유기간에서 발생한 전체소득에 대해 6~30%를 적용하고, 1주택자에 대해서는 거주기간과 보유기간을 조합해 전체 소득의 최대 80%를 적용한다. 이에 반해 조특법상의 장기보유특별공제는 임대기간(8년, 10년) 동안에 발생한 소득에 대해서만 50% 또는 70%를 적용하고, 그 외에 기간에서 발생한 소득에 대해서는 6~30%를 적용해 이 둘을 합산하는 방식으로 이 제도를 운영하고 있다(제7장 참조).

거주주택에 대한 비과세를 받을 때 놓쳐서는 안될 제도가 2021년 1월 1일부터 적용되는 '최종 1주택에 대한 2년 보유기간 및 거주기간의 재계산'이다. 이는 다주택자들이 비과세를 쉽게 받지 못하도록 평소 다주택 보유기간을 제외하고 2년 보유기간 등을 산정하도록 하는 제도를 말한다.

1. 관련 규정

소령 제155조 제5항에서 다음과 같이 최종 1주택의 보유기간 등에 대한 내용을 다루고 있다.

> **· 소령 제154조(1세대 1주택의 범위)**
> ⑤ 제1항에 따른 보유기간의 계산은 법 제95조 제4항에 따른다. 다만, 2주택 이상[제155조, 제155조의2 및 제156조의2 및 제156조의3에 따라 일시적으로 2주택에 해당하는 경우 해당 2주택은 제외하되, 2주택 이상을 보유한 1세대가 1주택 외의 주택을 모두 처분[양도, 증여 및 용도변경('건축법' 제19조에 따른 용도변경을 말하며, 주거용으로 사용하던 오피스텔을 업무용 건물로 사실상 용도변경하는 경우를 포함한다)하는 경우를 말한다. 이하 이 항에서 같다]한 후 신규주택을 취득하여 일시적 2주택이 된 경우는 제외하지 않는다]을 보유한 1세대가 1주택 외의 주택을 모두 처분한 경우에는 처분 후 1주택을 보유하게 된 날부터 보유기간을 기산한다. 〈개정 2019. 2. 12, 2021. 2. 17〉

- 앞의 내용은 당초 비과세가 성립한 주택들은 제외하고 처분(양도, 증여, 용도변경을 말함)하고 남은 주택이 1주택이거나 일시적 2주택이 된 상태에서 비과세를 받고자 하는 경우 1주택이 남은 날로부터 2년 이상 보유 및 거주해야 비과세를 적용한다는 것을 말한다.
- 앞에서 일시적 2주택에 대한 적용은 2021년 11월 2일 이후부터 적용한다. 기재부에서 유권 해석을 새롭게 발표했기 때문이다(기재부 재산세제과-953, 2021. 11. 2).

- 주택임대사업자의 거주주택 비과세도 앞의 규정을 적용받기 때문에 거주주택을 포함한 일반주택관계에 따라 다양한 관계가 형성될 수 있음에 유의해야 한다. 이에 대해서는 다음의 사례를 통해 알아보자.

2. 적용 사례

사례를 통해 앞의 내용을 확인해보자(2022년 이후 기준).

<자료>
- 장기임대주택 : 2채
- 거주주택 : 2년 이상 거주
- 거주주택에 대한 비과세는 한 번도 받지 않았음.

Q1. 앞의 거주주택을 바로 양도하면 비과세를 받을 수 있을까?

장기임대주택 외 1주택만 있으므로 당연히 가능하다. 이때 보유기간과 거주기간*은 거주주택 취득일부터 기산한다.

* 일반규정은 2017년 8월 3일 이후 조정대상지역 취득분만 적용되지만, 주임사에 대해서는 취득 시기를 불문하고 모든 지역에 대해 적용된다.

Q2. 최근 주거용 오피스텔을 하나 샀다가 바로 양도했다. 이때 양도차손이 발생했다. 이 상태에서 거주주택을 바로 양도하면 비과세를 받을 수 있을까?

아니다. 앞에서 본 소령 제154조 제5항이 적용되기 때문이다. 즉 사례처럼 주거용 오피스텔을 포함하면 2주택이 되는데, 이때 주거용 오피스텔을 먼저 양도했으니 이날 기준으로 거주주택이 1채만 있으므로 이날을 기준으로 2년 보유 및 거주를 다시 해야 한다(단, 거주기간의 리셋 여부는 별도로 확인할 것).

Q³. **거주주택을 양도하기 위해 대체주택을 취득했다. 이 경우 거주주택을 바로 양도해 비과세를 받을 수 있을까(앞의 물음과 무관)?**

일시적 2주택에 대한 비과세 요건 등을 갖추면 비과세가 가능하다. 이때 보유기간과 거주기간은 거주주택 취득일부터 기산한다.

Q⁴. **거주주택을 양도하기 위해 대체주택을 취득했다. 그런데 이때 분양권을 하나 취득해 매매했다. 이 경우 거주주택에 대한 비과세는 어떻게 해야 받을 수 있을까?**

이 경우에는 다음과 같은 요건을 동시에 충족해야 한다.
- 대체주택을 취득한 날로부터 1년(조정대상지역간, 그 외는 3년) 내에 거주주택을 양도할 것
- 분양권 양도일부터 2년 보유 및 거주할 것

결국 이 요건을 맞추는 것이 현실적으로 힘들기 때문에 비과세를 받을 수 없을 가능성이 높다.

☞ 결국 주임사가 거주주택 비과세를 받기 위해서는 1주택을 유지하거나 일시적 2주택 정도만 유지해야 한다. 그렇지 않고 일반주택이나 주거용 오피스텔, 분양권(2021년 이후), 입주권 등을 취득 후 매매해 과세되면 비과세를 받기가 힘들어진다(주의!).

※ 저자 주

주택임대사업자가 말소된 주택을 먼저 양도하고 거주주택을 비과세로 양도할 때, 소득세법 시행령 제154조 제5항에 따라 보유(거주)기간이 리셋이 되는지의 여부가 궁금할 수 있다. 이때는 말소된 주택이 자동말소되거나 요건을 갖춰 자진말소된 경우에는 보유(거주)기간이 리셋이 되지 않지만, 그 외는 리셋이 될 수 있음에 유의해야 한다. 다음의 Tip으로 정리해보기 바란다.

☞ 참고로 모든 임대주택을 먼저 처분한 후 나머지 1주택을 비과세로 양도하고자 할 때는 소령 제155조 제20항에 따른 거주주택 비과세가 아닌 소령 제154조 제1항에 따라 비과세를 받아야 할 것으로 보인다(사전-2021-법령해석재산-0673, 2021. 11. 19). 따라서 이 경우에는 보유기간 등이 리셋이 되는 것으로 보인다.

Tip 말소주택 선 처분과 보유(거주)기간 리셋 여부

말소주택을 선 처분 시 보유기간과 거주기간이 리셋되는지의 여부를 검토하면 다음과 같다. 단, 다음은 저자의 의견에 해당한다.

〈자료〉
2개의 장기임대주택과 거주주택 보유 중에 있음.

Q¹. 임대주택을 1/2 이상 임대하고 적법하게 자진말소해 이를 처분했다. 이 상황에서 거주주택을 양도하면 최종 1주택에 의한 보유기간 등이 리셋이 될까?

요건을 맞춘 자진말소의 경우 말소일로부터 5년 내 거주주택 양도 시 비과세가 적용되므로 이 경우에는 리셋이 되지 않는다(말소되어 처분한 주택과 무관하게 거주주택 비과세가 성립하기 때문이다. 유권 해석을 통해 최종 확인하기 바란다).

Q². 임대주택을 1/2 미만으로 채운 채 임의말소해 이를 처분했다. 이 상황에서 거주주택을 양도하면 최종 1주택에 의한 보유기간 등이 리셋이 될까?

이때 자진말소한 주택은 일반주택과 같다. 따라서 2주택 상태에서 1채를 양도했기 때문에 앞에서 본 최종 1주택에 대한 보유기간 등이 리셋이 된다.

최근 거주주택 비과세 1회 한도가 신설되면서 주임사가 보유하고 있는 일반주택에 대해서도 리스크가 급증하고 있다. 장기임대주택 외 일반주택에 대해 비과세가 적용되지 않으면 과세가 되는데 때에 따라서는 중과세의 가능성이 있기 때문이다. 이하에서 정리해보자.[28]

1. 장기임대주택 외 일반주택에 대한 비과세 및 과세원리

장기임대주택 외 일반주택 1채가 생애 1회로 비과세로 제한되다 보니 일반주택에 대해 과세되는 경우가 많다. 그런데 이때 장기임대주택의 조건에 따라 일반주택 1채만 있더라도 중과세가 적용될 수 있다. 물론 일반주택 수가 2채 이상인 경우에는 더더욱 그렇다. 주임사의 일반주택에 대한 과세원리를 중심으로 요약하면 다음과 같다.

1) 장기임대주택 외 일반주택이 1채가 있는 경우
· 일반주택이 소령 제155조 제20항에 해당하는 경우 : 거주주택에 대한 비과세 적용
· 일반주택이 소령 제155조 제20항에 해당하지 않는 경우 : 과세 적용(이때 과세방식은 일반과세가 적용되는 것이 원칙임. 장기임대주택 외 일반주택 1채는 일반과세를 적용하도록 배려하고 있음.[29] 단, 이때 장기임대주택은 소령 제167조의3 제1항 제2호의 요건을 모두 충족해야 함. 중과배제는 소령 제167조의3 등에서 규정하고 있기 때문임).

2) 장기임대주택 외 일반주택이 2채가 있는 경우
· 일반주택이 소령 제155조 제20항에 해당하는 경우 : 일시적 2주택

---

28) 내용이 다소 복잡하게 느껴지면 일단 건너뛰고 나중에 봐도 된다.
29) 소령 제167조의3 제1항 제10호(중과배제되는 장기임대주택 외 1개의 주택)
1세대가 제1호부터 제8호까지 및 제8호의2에 해당하는 주택을 제외하고 1개의 주택만을 소유하고 있는 경우에 해당 주택('일반주택'이라 한다)(2018. 2. 13 개정)

으로 비과세 적용
- 일반주택이 소령 제155조 제20항에 해당하지 않는 경우 : 과세 적용
  - 이때는 소령 제167조의3 제1항 제2호의 요건을 갖춘 임대주택도 중과세 판단 시 주택 수에 포함됨. 따라서 이때 일반주택 중 먼저 양도하는 주택은 중과세의 가능성이 높음.
  - 참고로 임대주택을 포함해 주택 수가 3채 이상이면 소령 제167조 의10 제8항 제8호에서 규정하고 있는 중과배제되는 일시적 2주택 (3년 종전주택 처분)에는 해당하지 않아 중과세의 가능성이 있음.[30]
  - 이후 남은 일반 1주택은 비과세가 가능하나 최종 1주택 보유기간 과 거주기간이 리셋이 됨.

2. 주임사의 일반주택에 대한 리스크가 급증한 이유

주임사가 보유하고 있는 일반주택에 대한 리스크가 급증한 이유는 소 령 제167조의3(3주택 중과세제외)과 제167조의10(2주택 중과제외)이 각 각 존재하고, 소령 제155조 제20항(거주주택 비과세) 규정이 별도 존재 함에 따라 이들의 관계에서 다양한 쟁점들이 등장하기 때문이다. 실 제 이러한 원리를 이해하지 못하면 일반주택에 대한 과세판단을 제대 로 하지 못할 것이다. 이 부분을 좀 더 자세히 살펴보자.

첫째, 일반주택에 대한 거주주택 비과세와 중과배제에 필요한 장기임 대주택의 개념을 잘못 이해하는 데서 리스크가 출발한다.
소령 제155조 제20항 거주주택 비과세는 장기임대주택이 소령 제 167조의3 제1항 제2호에서 열거한 중과배제 요건을 충족하지 못했

---

30) 소령 제167조의10 제1항 제8호(중과배제 되는 일시적 2주택)
   1주택을 소유한 1세대가 그 주택을 양도하기 전에 다른 주택을 취득(자기가 건 설하여 취득한 경우를 포함한다)함으로써 일시적으로 2주택을 소유하게 되는 경 우의 종전의 주택[다른 주택을 취득한 날부터 3년이 지나지 아니한 경우(3년이 지난 경우로서 제155조 제18항 각 호의 어느 하나에 해당하는 경우를 포함한다)에 한정한다] (2018. 2. 13 신설)

더라도 소령 제155조 제20항에서 제시한 요건(등록+기준시가 요건+5년 임대+5% 임대료 증액)만 충족하면 비과세를 적용한다. 따라서 거주주택 비과세를 위한 장기임대주택은 중과배제를 위한 장기임대주택과는 차이가 있다.

둘째, 일반주택에 대해 비과세가 적용되지 않을 때 리스크가 급증한다. 소령 제167조의3이나 제167조의10에 따라 일반주택에 대한 중과세 여부를 판단해야 하기 때문이다. 즉 이때는 소령 제155조 제20항을 적용할 여지가 없다. 따라서 이때는 중과세에서 적용배제되는 임대주택의 판단이 매우 중요해진다. 그 결과 중과배제되는 임대주택과 그렇지 않은 임대주택, 그리고 일반주택 수에 따라 일반주택에 대한 과세판단을 해야 한다. 일단 일반주택이 1채 있는 경우를 가지고 상황별로 이에 대한 이해를 해보자.

구분	중과배제 요건 갖춘 임대주택	중과배제 요건 갖추지 못한 임대주택	그 밖의 일반주택
상황 1	2	0	1
상황 2	1	1	1
상황 3	0	2	1

상황 1의 경우, 그 밖의 일반주택은 중과세가 아닌 일반과세가 적용된다. 적격 요건을 갖춘 주임사의 일반 1채에 대해서는 중과세를 적용하지 않도록 하고 있기 때문이다(실질이 1주택자에 해당). 그렇다면 상황 2나 3은 어떨까? 먼저 상황 2의 경우 적격 요건을 갖춘 임대주택 1채와 그렇지 못한 일반주택 1채, 이외 일반주택이 1채가 있다. 이러한 상황에서 일반주택에 대해 일반과세가 적용되기 위해서는 임대주택이 모두 중과배제 요건을 충족해야 하는데, 상황 2는 그렇지 않다. 따라서 중과세가 적용되는 주택이 2채가 되므로 이러한 상황에서는 일반주택은 2주택 중과세가 적용된다. 상황 3도 이러한 원리가 적

용되어 일반주택은 중과세가 적용된다.

셋째, 임대주택 외 일반주택의 수가 2채 이상인 경우에는 상황이 더 복잡하게 변한다. 예를 들어 이 부분을 살펴보자.

구분	중과배제 요건 갖춘 임대주택	중과배제 요건 갖추지 못한 임대주택	그 밖의 일반주택
상황 1	2	0	2
상황 2	1	1	2
상황 3	0	2	2

이러한 상황에서 일반주택을 양도한다고 한다. 상황별로 과세판단을 해보자.

· **상황 1** : 일시적 2주택으로 비과세가 적용되지 않으면 과세가 된다. 이 경우 3주택 중과세가 적용될 수 있다.

· **상황 2** : 적격 요건을 갖춘 임대주택은 1채 그렇지 않은 임대주택이 1채 그 외 일반주택이 2채다. 이 경우 일반주택은 3주택 중과세가 적용될 수 있다. 임대주택 2채와 일반주택 2채 등 총 4채 상태에서 양도했기 때문이다.

· **상황 3** : 이 경우 총 4채 상태에서 양도하는 것이 되어 3주택 중과세가 적용될 수 있다.

3. 주임사의 일반주택에 대한 리스크를 줄이는 방법
앞으로 주임사의 일반주택에 대해 과세가 되는 일들이 점점 많아질 것이다. 1회 한도로 비과세 받기가 힘들어지기 때문이다. 그렇다면 어떻게 하는 것이 이에 대한 리스크를 줄이는 방법이 될까?

첫째, 거주주택에 대한 비과세를 우선 판단한다.

거주주택에 대한 비과세를 최우선으로 판단한다. 이때는 소령 제155조 제20항이 적용되는 것이 원칙이다. 물론 이때 장기임대주택은 중과배제되는 장기임대주택의 요건과 다소 차이가 난다는 것에 대해 이미 지적했다.

둘째, 비과세가 적용되지 않으면 중과배제 주택인지의 여부를 확인한다.

- 요건 충족한 임대주택 외 1주택은 무조건 중과세를 적용배제한다.
- 이외 2채 이상은 중과세의 가능성이 있다. 참고로 '중과배제되는 일시적 2주택'[31]은 총주택 수가 2채일 때 적용한다는 것이 과세 관청의 입장이다.

셋째, 중과세제도에 대해 알아야 한다.

중과세제도는

- 중과대상 주택 수가 최소한 2채 이상이 있어야 하고
- 중과배제 주택에 해당되지 않아야 하고
- 조정대상지역 내의 주택을 양도해야 적용된다.

따라서 장기임대주택 외 일반주택에 대해 중과세가 적용되기 위해서는

- 장기임대주택을 포함해 중과대상 주택 수를 선정하고
- 이때 일반주택이 중과배제 주택인 일반 1주택에 해당하거나 일시적 2주택에 해당하지 않아야 하고
- 조정대상지역 내에 소재해야 한다.

이상과 같이 장기임대주택에 대한 개념 및 일반주택에 대한 중과대상 주택 수, 중과배제 요건 등을 제대로 판단하지 못하면 손해볼 가능성이 높아진다. 구체적인 내용은 제6장에서 정리하도록 하겠다.

---

31) 일반적으로 '일시적 2주택'은 비과세를 판단할 때 사용하지만 중과배제를 할 때에도 이러한 용어를 사용하고 있다. 이외 지방세인 취득세에도 이러한 용어를 사용하고 있다.

제 **5** 장

거주주택 양도소득세
비과세 적용법

01
주임사의 거주주택 비과세 적용법

주임사가 거주하고 있는 주택은 주임사들이 안정적으로 임대사업을 할 수 있도록 주택임대사업자의 지위를 가지고 있는 한 1세대 1주택자로 간주해 비과세를 적용해주는 것이 원칙이다. 다만, 무분별한 비과세가 적용되지 않도록 요건을 엄격히 제한하고 있다. 이하에서는 실전에서 필요한 거주주택 비과세 적용법에 대해 알아보자.

1. 비과세를 위한 주택 수 판정방법

주임사가 보유하고 있는 주택은 임대주택과 이외의 주택으로 구분한다. 이때 임대주택은 소령 제155조 제20항에 열거된 요건을 충족한 것을 말한다. 이러한 요건을 충족한 임대주택은 일반주택에 대한 비과세 판단 때 주택 수에서 제외된다. 하지만 이의 요건을 충족하지 못한 임대주택은 일반주택의 주택 수에 포함된다.

임대주택	임대주택 외(일반주택)
소령 제155조 제20항*	좌 외의 모든 주택

* 소령 제167조의3 장기임대주택으로서 소령 제155조 제20항의 요건(거주주택 양도일 현재 등록 등)을 갖춘 주택을 말한다. 따라서 기준시가 6억 원 초과주택을 2채 등록임대하고 있고, 이외 거주주택이 있다면 일반주택은 3채가 되어 거주주택 비과세를 받을 수 없다.

2. 비과세 횟수의 제한

주임사의 거주주택은 일반주택이 비과세 요건을 갖춘 경우라면 횟수에 관계없이 비과세를 적용하는 것이 원칙이다. 하지만 이 제도가 다주택자들의 투자에 활용되자 '생애 동안 1회'만 적용하는 것으로 세법이 개정되었다. 다만, 이의 적용대상은 2019년 2월 12일 이후 취득분부터 적용한다.

3. 거주주택 비과세 적용법

이상의 내용을 토대로 구체적인 비과세 적용법을 알아보자.

1) 1세대 1주택
장기임대주택에 대한 요건(기준시가 등)을 준수한다는 조건하에 2년 이상 거주한 1주택은 1회 범위 내에서 비과세를 적용한다.

- 이때 임대의무기간이 다하기 전이라도 등록 이후에 거주주택을 양도해도 문제가 없다.
- 2년 거주는 전국적으로 적용되며 임대등록 전의 거주기간도 인정한다.
- 만일 거주주택 비과세 적용 후 장기임대주택에 대한 요건을 충족하지 못하면 사유발생일의 말일로부터 2개월 내에 양도세를 내야 한다.

☞ 장기임대주택 외 일반주택이 다주택인 상태에서 과세되는 주택을 먼저 처분하는 경우 2년 보유 및 2년 거주 요건이 다시 시작된다.

2) 일시적 2주택

장기임대주택 외 1주택 보유자가 새로운 주택을 취득해 거주지를 옮길 수 있다. 이러한 상황에서도 '일시적 2주택'에 대한 비과세가 적용되는 것이 원칙이다. 다만, 이 경우에도 일반규정에 따른 일시적 2주택 비과세 요건을 갖춰야 한다. 물론 장기임대주택에 대한 요건도 갖춰야 한다.

☞ 참고로 장기임대주택 외 일시적 2주택이 되면 주택 수가 3채 이상이 되고, 이때 비과세 주택이 고가주택(12억 원)인 경우 과세되는 양도차익에 대해서는 중과세가 아닌 일반과세가 적용된다(2021년 시행령 개정됨).

3. 비과세특례의 중첩 적용

장기임대주택과 일반주택이 1채 또는 일시적 2채 정도가 있는 경우 일반주택에 대해서는 비과세 요건을 갖추면 당연히 비과세를 해주는 것이 타당하다. 그런데 이러한 상황에서 상속이나 동거봉양·혼인 등의 사유로 주택 수가 3채 이상이 되는 경우가 있다. 이렇게 이 경우 어떤 식으로 비과세를 적용할 것인지 궁금증이 있을 수 있다. 상황별로 알아보자.

1) 장기임대주택+1거주주택

거주주택은 소령 제155조 제20항에 따라 비과세가 적용된다.

2) 장기임대주택+1거주주택+대체주택

장기임대주택 외 1거주주택은 소령 제155조 제20항이 적용되며, 1거주주택과 대체주택은 소령 155조 제1항이 적용된다. 따라서 이 경우 비과세가 적용된다. 다음 예규를 참조하기 바란다.

※ 사전법령해석재산2020-1038(2020. 12. 29)

귀 사전답변의 사실관계와 같이 소령 제167조의3 제1항 제2호에 따른 주택(이하 '장기임대주택'이라 한다)과 2년 이상 보유 및 거주한 그 밖의 주택(이하 '거주주택'이라 한다) 1개를 보유하는 1세대가 거주주택을 취득한 날로부터 1년 이상이 지난 후에 새로운 주택(이하 '대체주택'이라 한다)을 취득하고 대체주택을 취득한 날부터 3년* 이내에 거주주택을 양도하는 경우에는 1세대 1주택으로 보아 같은 법 시행령 제154조 제1항을 적용하는 것임.

* 조정대상지역 및 취득 시기 등에 따라 1년 또는 2년 등이 적용될 수 있음.

---

3) 장기임대주택+1거주주택+상속주택

소령 제155조 제20항에 따르면 장기임대주택 외 1주택인 경우에 비과세를 적용하는데, 이처럼 상속주택이 추가되어 일반주택이 2채가 되는 경우 비과세를 해줄 것인지가 쟁점이 된다. 이에 대해 과세당국은 다음과 같은 예규를 두어 비과세를 허용한다.

> **※ 양도, 부동산거래관리과-0010, 2012. 1. 3.**
>
> **[제목]**
> 장기임대주택과 상속주택을 보유하고 있는 경우
>
> **[요지]**
> 임대주택 보유 시 거주주택 비과세특례는 소령 제155조 제2항에 따른 상속주택을 보유하고 있는 경우에도 적용됨.
>
> **[회신]**
> 소령 제167조의3 제1항 제2호 각 목에 따른 주택(장기임대주택)과 그 밖의 1주택을 국내에 소유하고 있는 1세대가 같은 영 제155조 제19항(현 제20항) 각 호의 요건을 모두 충족하는 해당 1주택(거주주택)을 양도하는 경우에는 국내에 1개의 주택을 소유하고 있는 것으로 보아 같은 영 제154조 제1항에 따른 1세대 1주택 비과세 규정을 적용하는 것이며, 당해 특례 규정은 같은 영 제155조 제2항에 따른 상속주택을 보유하고 있는 경우에도 적용되는 것입니다.

☞ 이처럼 거주주택 1채를 보유한 상태에서 상속을 받아 2주택이 된 경우에는 거주주택에 대해 비과세를 적용하고 있는 것으로 보인다.

4) 장기임대주택+1거주주택+상속주택+대체주택

이 상황은 주로 거주주택을 대체주택으로 갈아타는 과정에서 상속 등을 받을 때 발생한다. 그렇다면 앞의 3)과 같은 연장선상에서 비과세를 해줄까?

이에 대해 과세당국은 다음과 같은 예규 등을 통해 주택 수가 '1세대 4주택' 이상이면 비과세를 적용하지 않는다고 하고 있다.

※ **서면 부동산2020-1891(2020. 8. 28)**

[제목]

장기임대주택, 상속주택, 대체주택을 보유한 경우 비과세특례 적용

[요약]

소령 제155조 제20항의 장기임대주택(D, E주택)과 거주주택(A주택)을 보유한 1세대가 소령 제155조 제2항의 상속주택(B주택)을 상속받고, A주택을 취득한 날부터 1년 이상이 지난 후 다른 주택(C주택)을 취득한 경우로 C주택을 취득한 날부터 3년 이내에 A주택을 양도하는 경우 같은 영 제154조 제1항을 적용할 수 없는 것임.

※ **사전-2019-법령해석재산-0624(2019. 11. 7)**

1세대 4주택 이상인 경우 장기임대주택 및 일시적 2주택 특례와 상속주택 특례 중복적용 여부

[요지]

1세대가 장기임대주택, 거주주택, 신규주택, 상속주택을 보유하다가 거주주택을 양도한 경우 양도세 비과세 대상이 아님.

[답변내용]

소령 제155조 제20항에 규정된 장기임대주택 2채(A, C)와 거주주택

(B)을 보유한 1세대가 B주택을 취득한 날부터 1년 이상이 지난 후 신규주택(D)을 취득하고 같은 영 제155조 제2항에 따른 상속주택(E)을 상속받은 경우로서 D주택을 취득한 날부터 3년 이내에 B주택을 양도하는 경우에는 소득세법 제89조 제1항 제3호에 따른 1세대 1주택 비과세 규정이 적용되지 않는 것임.

☞ 소령 제155조 제20항의 거주주택 비과세는 장기임대주택 외 1주택에 대한 비과세특례에 해당하는데, 일시적 2주택과 상속주택처럼 두 가지 이상의 사유에 의해 주택 수가 결합되어 4채 이상이 되면 비과세를 해주지 않는다(무슨 논리가 있는 것은 아닌 것으로 보인다). 주의하기 바란다.[32]

4. 자동말소 등에 따른 거주주택의 처분시기

2020년 8월 18일 이후부터 임대의무기간이 경과하면 등록이 자동말소되거나 그 이전이라도 자진말소를 할 수 있다. 이 경우 거주주택 비과세를 받기 위해서는 말소일로부터 5년 내 이를 처분해

---

32) 이러한 원리는 일시적 2주택과 혼인이나 동거봉양 등에 의해 4주택이 된 경우에도 동일하게 비과세를 허용하고 있지 않다. 다음은 주임사의 혼인과 관련된 예규다.
"국내에 1주택(이하 'A주택')을 보유하는 거주자가 A주택을 취득한 날로부터 1년 이상이 지난 후 소령제155조 제20항에 규정된 장기임대주택에 해당하는 1주택(이하 'C주택')과 다른 1주택(이하 'B주택')을 취득한 이후 1주택을 보유하고 있는 자와 혼인을 하여 1세대가 4주택이 된 상태에서 B주택 취득일로부터 3년 이내에 A주택을 양도하는 경우에는 같은 영 제154조 제1항의 1세대 1주택 비과세 규정이 적용되지 않는 것입니다(서면법령해석재산2016-2941, 2016. 8. 19)."

야 한다. 그런데 여기서 문제는 말소주택을 먼저 처분하는 상황이 발생하면 어떤 식으로 이를 산정할 것인지가 쟁점이 된다. 상황별로 살펴보자.

1) 말소주택 모두 처분+거주주택 1채만 있는 경우

이 경우 임대주택이 한 채도 없으므로 소령 제155조 제20항을 적용할 수 없어 5년 내 처분 요건이 필요없을 것으로 보인다. 그 대신 소령 제154조 제1항 및 제5항 등을 적용받게 되어 최종 1주택에 대한 보유기간 등을 재계산해야 한다.[33]

2) 말소주택 모두 처분+임대주택+거주주택 1채가 있는 경우

말소주택을 보유하고 있지 않으므로 말소일로부터 5년 내 처분하지 않아도 될 것으로 보인다.

☞ 거주주택 5년 내의 처분기한은 말소된 주택을 보유하고 있을 때 적용되는 제도라고 보면 될 것으로 보인다.

3) 말소주택 중 일부 처분+임대주택+거주주택 1채가 있는 경우

말소주택 중 남아 있는 중에서 가장 먼저 말소된 주택의 기준으로 5년 내 거주주택을 양도하면 될 것으로 보인다.

---

33) 저자는 이렇게 해석하는 것은 납세자에게 불합리하다고 판단한다. 따라서 즉 주임사로서 의무를 다한 후 양도했다면 거주주택 비과세는 본인의 선택에 따라 소령 제155조 제20항과 소령 제154조 제1항 중에서 선택할 수 있어야 한다고 본다.

☞ 말소된 주택과 거주주택을 보유하고 있는 상황에서 5년이 경과한 경우에는 거주주택 비과세를 받을 수 없다. 이 경우에는 말소된 주택을 모두 양도하고, 거주주택을 최종 1주택이 된 날로부터 2년 보유(거주)한 후에 양도해야 비과세를 받을 수 있게 될 것으로 보인다.

※ 저자 주

말소주택을 처분한 경우 5년 처분기산일이 언제인지의 여부가 다소 불명확하다. 향후 나오게 될 기재부 등의 유권 해석을 확인하기 바란다.

02
주임사의 거주주택 비과세 규정분석

주임사의 거주주택 비과세는 이들에게는 결코 포기할 수 없는 아주 중요한 제도에 해당한다. 그런데 최근 이를 둘러싸고 다양한 쟁점들이 발생하고 있다. 부동산 대책 등에 따라 이에 대한 비과세 요건이 바뀌면서 혼란이 가중되고 있기 때문이다. 따라서 독자들은 소령 제155조 제20항부터 제25항까지의 관련 규정을 정교하게 분석하는 것이 좋을 것으로 보인다. 이하에서는 법조문을 통해 이에 대한 내용을 자세히 분석해보자.

1. 장기임대주택의 요건

거주주택 비과세는 소령 제155조 제20항에서 규정하고 있는데 이때 장기임대주택의 요건이 중요하다. 이에 대한 요건을 살펴보기 전에 해당 규정부터 살펴보자.

〈20〉제167조의3 제1항 제2호에 따른 주택[같은 호 가목 및 다목에 해당하는 주택의 경우에는 해당 목의 단서에서 정하는 기한의 제한은 적용하지 않되,[34] 2020년 7월 10일 이전에 '민특법' 제5조에 따른 임대사업자등록 신청(임대할 주택을 추가하기 위해 등록사항의 변경 신고를 한 경우를 포함한다)을 한 주택으로 한정하며,[35] 같은 호 마목에 해당하는 주택의 경우에는 같은 목 1)에 따른 주택[같은 목 2) 및 3)에 해당하지 않는 경우로 한정한다[36]]을 포함한다. 이하 이 조에서 '장기임대주택'이라 한다] 또는 같은 항 제8호의2에 해당하는 주택(이하 '장기가정어린이집'이라 한다)과 그 밖의 1주택을 국내에 소유하고 있는 1세대가 각각 제1호와 제2호 또는 제1호와 제3호의 요건을 충족하고 해당 1주택('거주주택'이라 한다)을 양도하는 경우(장기임대주택을 보유하고 있는 경우에는 생애 한 차례만 거주주택을 최초로 양도하는 경우에 한정한다)에는 국내에 1개의 주택을 소유하고 있는 것으로 보아 제154조 제1항을 적용한다.

앞의 내용 중 중요한 내용만 정리하면 다음과 같다(구체적인 것들은 각주 등을 참조하기 바란다).

첫째, 소령 제155조 제20항에서의 장기임대주택은
- 소령 제167조의3 제1항 제2호에 따른 주택(단, 장단기는 불문)

---

34) 기한의 제한을 적용하지 않는다는 것은 거주주택 비과세 적용 시 장기임대주택은 단기나 장기임대를 불문하겠다는 것을 말한다.
35) 이는 2020년 7월 10일까지 등록을 한 경우에는 장단기를 불문하겠다는 것을 의미한다. 따라서 2020년 8월 18일 이후에는 마목에 의해 10년 장기로만 등록 시 이 조항에 의한 장기임대주택으로 본다.
36) 어려운 표현에 해당한다. 마목은 2020년 7월 11일 이후 등록분 중 아파트와 단기임대를 장기임대로 변경분은 제외하고 이외 다세대주택이나 다가구주택, 단독주택, 주거용 오피스텔을 등록하면 장기임대주택으로 봐주겠다는 것을 의미한다(2018년 9월 14일 이후 조정대상지역 내의 취득분도 거주주택 비과세를 위한 장기임대주택에 해당한다).

을 전제로

- 소령 제155조 제20항 제2호의 장기임대주택에 대한 요건*을 추가로 충족한 주택을 말한다.

  *양도일 현재 법 제168조에 따라 사업자등록을 하고, 장기임대주택을 민특법 제5조에 따라 민간임대주택으로 등록하여 임대하고 있으며, 임대보증금 또는 임대료의 증가율이 100분의 5를 초과하지 않을 것

둘째, 앞의 요건을 갖춘 장기임대주택과 1주택(거주주택)을 보유하고 있으면 소령 제154조 제1항을 적용한다.

이는 장기임대주택은 주택 수에서 제외해 1세대 1주택에 대한 비과세를 적용한다는 것을 의미한다.

셋째, 거주주택 비과세는 생애 한 차례만 주어진다.

본문 하단에 다음과 같은 문구가 있다.

(장기임대주택을 보유하고 있는 경우에는 생애 한 차례만 거주주택을 최초로 양도하는 경우에 한정한다)

이를 조금 더 자세히 보면 다음과 같다.

- 이 규정은 부칙에 따라 2019년 2월 12일 이후 취득분부터 적용된다. → 2019년 2월 12일 이전에 취득한 것들은 제한이 없고 이후에 취득한 것들은 제한이 있다. 그런데 과세당국은 2019년 2월 12일 이전에 거주주택 비과세를 받은 적이 있다면 2019년 2월 12일 이후에 취득한 것은 비과세를 받을 수 없다고 한다(단, 부칙에 따라 이날 거주한 주택과 거주를 위해 계약한 주택은 예외). 이

렇게 되면 사실상 더 이상 비과세가 힘들게 되는 문제점이 있다.

- 장기임대주택을 보유하고 있는 경우에만 이 규정이 적용된다.
  → 따라서 장기임대주택을 보유하고 있지 않으면 이 규정이 적
  용되지 않는다고 할 수 있다. 단, 이에 대해서는 논란의 소지
  가 있다.

- 거주주택을 최초로 양도하는 경우에 한정한다. → 여기서 '최
  초'는 우선순위에 따르는 것인지, 아니면 납세자가 선택해 신
  고할 수 있는 것인지에 대한 쟁점이 발생한다.

☞ 이에 대한 자세한 내용은 뒤에서 별도로 살펴보자.

2. 장기임대주택을 거주주택으로 전환한 경우 1세대 1주택 비과세 적용

소령 제155조 제20항 후단에서는 다음과 같은 규정을 두어 장기임
대주택을 거주주택으로 전환한 경우의 비과세 적용법을 담고 있다.

> 이 경우 해당 거주주택을 민특법 제5조에 따라 민간임대주택으로 등록하였거나 영
> 유아보육법 제13조 제1항에 따른 인가를 받아 가정어린이집으로 사용한 사실이
> 있고 그 보유기간 중에 양도한 다른 거주주택(양도한 다른 거주주택이 둘 이상인 경우
> 에는 가장 나중에 양도한 거주주택을 말한다. 이하 '직전거주주택'이라 한다)이 있는 거주주
> 택(민간임대주택으로 등록한 사실이 있는 주택인 경우에는 1주택 외의 주택을 모두 양도한
> 후 1주택을 보유하게 된 경우로 한정한다. 이하 이 항에서 '직전거주주택보유주택'이라 한다)
> 인 경우에는 직전거주주택의 양도일 후의 기간분에 대해서만 국내에 1개의 주택을
> 소유하고 있는 것으로 보아 제154조 제1항을 적용한다(2021. 2. 17 개정).

이는 장기임대주택을 거주주택으로 전환한 경우 그 거주주택이 최종 1세대 1주택에 해당하는 경우 직전거주주택의 양도일 이후의 기간분에 대해서만 1개의 주택으로 보아 제154조 제1항, 즉 1세대 1주택에 대한 비과세를 적용한다는 것이다. 그런데 이와 관련해서는 다음 내용에 주의해야 한다.

이 규정은 임대주택을 포함해 모든 주택 수가 1주택인 경우에 적용된다.
- 즉 임대주택 보유 중에 거주주택에 대해 1회 비과세를 받고,
- 임대주택을 거주주택으로 전환한 주택이 통틀어 1세대 1주택에 해당하지만, 직전거주주택 양도일 전의 양도차익은 과세를 하고 그 이후의 양도차익에 대해서만 1세대 1주택 비과세 요건을 갖추면 이에 대해 비과세를 적용하겠다는 것을 의미한다 (이는 소령 제155조 제20항이 아닌 소령 제154조 제1항이 적용되는 것을 의미한다).[37]

3. 거주주택과 장기임대주택 추가 요건

앞에서 살펴본 장기임대주택 외 거주주택은 1세대 1주택으로 보아 비과세를 적용받을 수 있다. 이때 거주주택과 장기임대주택은 추가로 다음과 같은 요건을 충족해야 한다.

---

37) 이에 대한 안분계산에 대해서는 제5장에서 살펴본다.

앞에서 중요한 개념은 제2호의 '양도일 현재'라는 표현이다.
– 이는 거주주택 양도일 현재를 기준으로
– 관할 세무서에의 사업자등록이 되어 있어야 하며
– 민특법상 등록해 임대 중에 있어야 하며
– 임대료 상한율을 5% 이내에서 맞춰야 한다는 것이다.

그런데 여기에서 몇 가지 쟁점이 발생한다.
– 양도일 현재 장기임대주택이 없으면 어떻게 될까? → 양도일 현재 장기임대주택이 없다면 소령 제155조 제20항에 따라 거주주택에 대한 비과세를 받을 수 없고 소령 제154조 제1항에 따라 비과세를 받아야 한다는 결론이 나온다. 이렇게 되면 제154조 제5항인 최종 1주택에 대한 보유기간 및 거주기간 리셋

---

38) 직전거주택보유주택의 경우에는 법 제168조에 따른 사업자등록과 민특법 제5조에 따른 임대사업자 등록을 한 날 또는 영유아보육법 제13조 제1항에 따른 인가를 받은 날 이후의 거주기간을 말한다.
39) 이 경우 임대료 등의 증액 청구는 임대차계약의 체결 또는 약정한 임대료 등의 증액이 있은 후 1년 이내에는 하지 못하고, 임대사업자가 임대료 등의 증액을 청구하면서 임대보증금과 월 임대료를 상호 간에 전환하는 경우에는 민특법 제44조 제4항의 전환 규정을 준용한다(2020. 2. 11 개정).

문제가 발생한다.

- 양도일 현재 민특법상 자동말소나 자진말소가 되었다면 어떻게 될까? → 자동말소 등은 민특법에서 규정된 내용이므로 당연히 세법은 이를 인정하고 이에 대한 해결책을 제시해야 할 것이다. 이에 세법은 최초 말소된 날로부터 5년 내 거주주택을 양도하면 비과세를 적용한다.

- 말소 이후 임대료를 5% 초과해 올리면 어떻게 될까? → 거주주택의 '양도일 현재'를 기준으로 이에 대한 요건을 충족해야 비과세가 적용되는 것으로 해석했으나, 말소 이후에 임대료를 5% 초과해서 올려도 거주주택 비과세를 받을 수 있다고 하는 기재부 예규가 최근에 발표되었다(115페이지 참조).

☞ 이에 대한 쟁점분석은 제3장에서 살펴보았다.

3. 거주주택의 양도 시기

비과세가 적용되는 거주주택은 장기임대주택의 임대기간 요건이 충족되기 전이라도 양도해도 된다.

〈21〉 1세대가 장기임대주택의 임대기간 요건 또는 장기가정어린이집의 운영기간 요건을 충족하기 전에 거주주택을 양도하는 경우에도 해당 임대주택 또는 가정어린이집을 장기임대주택 또는 장기가정어린이집으로 보아 제20항을 적용한다(2018. 2. 13 개정).

사례를 통해 이에 대해 알아보자.

Q¹. 앞의 상황에서 일반규정에 따른 비과세가 가능한가?

가능하지 않을 것으로 보인다. 두 주택 모두 오래 보유해 일시적 2주택 비과세 등이 성립하지 않을 것으로 보이기 때문이다.

Q². 만일 A주택을 임대등록한 후 B주택을 바로 양도해도 비과세가 가능한가?

그렇다. 이 점이 파격적인 제도에 해당한다.

Q³. 만일 B주택을 양도계약 중에 A주택을 등록해도 비과세가 가능한가?

양도는 잔금청산을 기준으로 완결되므로 그 이전에 등록하면 역시 비과세가 가능할 것으로 보인다.

Tip 장기임대주택 임대 중에 비과세를 받은 경우의 사후 관리

거주주택 비과세제도는 주임사에게는 메리트가 상당히 큰 제도에 해당한다. 다주택자에 해당함에도 불구하고 자신이 거주하고 있는 거주주택에 대해 전액 비과세를 받을 수 있기 때문이다. 그런데 이러한 거주주택에 대한 비과세를 받은 후 임대의무기간을 지키지 못하면 세금을 추징하는데 이에 유의할 필요가 있다. 이러한 사후관리에 대한 내용은 소령 제155조 제22항에서 규정하고 있다.

〈22〉 1세대가 제21항을 적용받은 후에 임대기간 요건 또는 운영기간 요건을 충족하지 못하게 된(장기임대주택의 임대의무호수를 임대하지 않은 기간이 6개월을 지난 경우를 포함한다) 때에는 그 사유가 발생한 날이 속하는 달의 말일부터 2개월 이내에 제1호의 계산식에 따라 계산한 금액을 양도세로 신고·납부해야 한다. 이 경우 제2호의 임대기간 요건 및 운영기간 요건 산정특례에 해당하는 경우에는 해당 규정에 따른다(2020. 2. 11 개정).
1. 납부할 양도세 계산식 : 생략
2. 임대기간 요건 및 운영기간 요건 산정특례 : 생략

☞ 이 규정은 소령 제155조 제21항을 적용받은 경우에 적용된다. 이는 장기임대주택의 중과세 적용배제에서의 사후관리 요건과 같다. 제6장을 참조하기 바란다.

거주주택 비과세 1회 적용 관련 쟁점

거주주택 비과세 1회 한도는 주택임대업에 대한 메리트를 크게 줄이는 제도에 해당한다. 임대주택을 유지하는 한 실제 거주한 주택에 대해서도 더 이상 비과세가 적용되지 않기 때문이다. 따라서 1회 한도를 사용한 이후에 비과세를 받기 위해서는 임대주택을 모두 처분해 1세대 1주택자가 되는 길밖에 없다. 이하에서 이와 관련된 세무상 쟁점 등을 자세히 분석해보자.

1. 관련 규정 분석

소령 제155조 제20항 본문 하단에 다음과 같은 문구가 있다.

> 장기임대주택을 보유하고 있는 경우에는 생애 한 차례만 거주주택을 최초로 양도하는 경우에 한정한다.

이 규정은 2019년 2월 12일에 도입된 것으로 장기임대주택을 보유하고 있는 경우에는 생애 한 차례만 거주주택을 최초로 양도하는 경우에 한정한다. 다만, 이 거주주택은 2019년 2월 12일 이후 취득분에 한다.[40]

다시 한번 이를 조금 더 자세히 보면 다음과 같다.

- 이 규정은 부칙에 따라 2019년 2월 12일 이후 취득분부터 적용된다. → 2019년 2월 12일 이전에 취득한 것들은 제한이 없고 이후에 취득한 것들은 제한이 있다. 그런데 과세당국은 2019년 2월 12일 이전에 거주주택 비과세를 받은 적이 있다면 2019년 2월 12일 이후에 취득한 것은 비과세를 받을 수 없다고 한다. 즉 1회의 기회가 박탈되는 것이다(다음 페이지 예규 참조).
- 장기임대주택을 보유하고 있는 경우에만 이 규정이 적용된다. → 따라서 장기임대주택을 보유하고 있지 않으면 이 규정이 적용되지 않는다. 이처럼 임대주택의 보유 여부가 중요하다.
- 거주주택을 최초로 양도하는 경우에 한정한다. → 여기서 '최초'는 우선순위에 따르는 것인지, 아니면 납세자가 선택할 수 있는지의 여부는 불분명하다.

---

40) 소령 부칙[대통령령 제29523호] 제7조[주택임대사업자 거주주택 양도세 비과세 요건에 관한 적용례 등]
① 제154조 제10항 제2호 및 제155조 제20항(제2호는 제외한다)의 개정규정은 이 영 시행 이후 취득하는 주택부터 적용한다.
② 다음 각 호의 어느 하나에 해당하는 주택에 대해서는 제154조 제10항 제2호, 제155조 제20항(제2호는 제외한다)의 개정규정 및 이 조 제1항에도 불구하고 종전의 규정에 따른다.
1. 이 영 시행 당시 거주하고 있는 주택
2. 이 영 시행 전에 거주주택을 취득하기 위해 매매계약을 체결하고 계약금을 지급한 사실이 증빙서류에 의해 확인되는 주택

※ 기획재정부재산-192(2020. 2. 18)
[제목]

장기임대주택에 대한 거주주택 비과세특례 적용 여부

[요약]

소령 제155조 제20항 전단에 따른 거주주택 비과세를 한 번 적용받은 1세대가 다시 거주용으로 사용한 신규주택을 양도할 경우, 거주주택 비과세특례가 적용되지 않음.

[질의]

2019년 2월 12일 개정소령 제155조 제20항의 시행 전에 거주주택과 2채의 장기임대주택을 소유하고 있는 1세대가 2019년 2월 12일 이후 거주용 신규주택을 취득하고 거주주택을 비과세 양도한 경우로서, ○동 세대가 다시 거주용 주택으로 사용한 신규주택의 양도에 대해 소령 제155조제20항 전단의 거주주택 비과세 적용 여부

[회신]

2019년 2월 12일 전에 거주주택과 2채의 장기임대주택을 소유하고 있는 1세대가 2019년 2월 12일 이후에 이사 목적으로 신규주택을 취득하고 거주주택을 양도하여 소령 제155조 제20항 전단에 따른 거주주택 비과세를 적용받은 경우로서, 동 세대가 다시 거주용 주택으로 사용한 신규주택을 양도하는 경우 같은 규정에 따른 거주주택 비과세를 적용하지 않는 것임.

2. 적용 사례

사례를 통해 앞의 내용을 확인해보자(주택임대사업자에 해당함).

〈자료〉
· A거주주택 : 2017년 비과세 받음.
· B거주주택 : 2019년 1월에 비과세 받음.
· C거주주택 : 2019년 2월 12일 현재 거주 중에 있음.
· D거주주택 : 2021년 1월에 취득함.

Q1. 이 경우 C거주주택에 대해서 비과세가 적용되는가?

부칙에 따라 2019년 2월 12일 현재 거주하고 있는 주택은 그 이전에 비과세를 받은 적이 있더라도 비과세를 받을 수 있도록 하고 있다(경과규정).

Q2. 이 경우 D거주주택에 대해서 비과세가 적용되는가?

2019년 2월 12일 이후 취득한 주택으로 '생애 1회' 규정이 적용된다. 따라서 그 이전에 비과세를 받은 적이 있다면 더 이상 비과세 받기가 힘들어진다.

Q3. 이 경우 총 몇 번의 비과세가 가능한가?

3번이다.

Q4. 거주주택 비과세를 받은 후 임대주택을 임대의무기간 1/2 이상 채우고 자진말소한 후 이를 양도했다. 문제는 없는가?

거주주택 비과세는 자동말소나 자진말소나 요건을 갖추면 문제가 없다. 다음 예규를 참조하기 바란다.

사전답변 신청의 사실관계와 같이, 소령 제155조 제20항(이하 '쟁점특례'라 함)에 따른 거주주택(A)과 장기임대주택(B, C)을 보유한 1세대가 장기임대주택(B, C)의 임대기간 요건을 충족하기 전에 거주주택(A)을 먼저 양도하고 같은 조 제21항에 따라 쟁점특례를 적용하여 같은 영 제154조 제1항에 따른 1세대 1주택 비과세를 받은 경우로서, 이후 민특법 제6조 제1항 제11호에 따라 민특법 제43조에 따른 임대의무기간의 2분의 1 이상을 임대한 장기임대주택(C)에 대하여 임대의무기간 내 등록말소 신청으로 등록이 말소되는 경우, 소령 제155조 제22항 각 호 외의 부분 후단 및 제2호 라목1)에 따라 그 등록이 말소된 날에 장기임대주택(C)의 해당 임대기간 요건을 갖춘 것으로 보는 것임.

Q⁵. 말소된 주택을 모두 처분해 거주주택만 보유하고 있다면 소령 제155조 제20항에 따른 거주주택 비과세를 받을 수 있는가?

이 경우에는 소령 제154조 제1항과 제5항에 따라 받을 수 있다고 해석하고 있다. 이에 대해서는 앞에서 많이 살펴보아 자세한 설명은 생략한다.

Q⁶. 거주주택 비과세는 선택해 신고할 수 있는가?

거주주택에 대한 비과세 1회 한도 신설로 인해 이를 선택적으로 신고할 수 있는지의 여부가 중요하다. 이에 대해 명확한 규정과 해석은 없지만 소령 제155조 제23항에서는 거주주택 비과세를 받으려는 자는 첨부서류를 통해 신고하도록 하고 있는 점 등으로 보건대, 임대사업자가 선택해 비과세로 신고할 수 있는 것으로 해석된다. 보다 자세한 내용은 뒤에서 분석한다.

Tip 주임사의 거주주택 비과세 1회 사용 관련 쟁점사항

거주주택 비과세 1회를 사용한 상황에서는 다음과 같은 리스크들이 발생하게 된다.

첫째, 임대주택을 보유하는 중에 새로운 거주주택에 대해서는 비과세를 받을 수 없다.

둘째, 이때 중과세 배제 요건을 갖춘 임대주택 외 일반주택 1채는 중과세를 적용하지 않는다. 단, 여기서 주의할 것은 소령 제167조의3의 중과배제 요건 관련 규정을 통해 정확히 판단해야 한다는 것이다(소령 제155조 제20항의 규정에 따른 장기임대주택의 요건과 차이가 남에 유의할 것).

셋째, 이외 장기임대주택 외 일반주택이 2채 이상이 된 상태에서 거주주택을 양도하면 중과세제도가 적용될 수 있다. 따라서 이러한 상황을 맞지 않으려면 임대주택부터 먼저 정리하는 것이 좋을 것으로 보인다.

04
주임사의
일시적 2주택 비과세와 쟁점

　주임사의 비과세는 생애 동안 1회만 적용되므로 임대주택을 유지하고 있는 한 비과세는 박탈되며 때로는 거주주택에 대해 중과세가 적용될 가능성도 높아지고 있다. 여기서는 주임사가 임대주택 외에 거주주택 1채를 보유하고 있는 상황에서 다른 주택 1채를 추가한 경우 과세방식이 어떤 식으로 변하는지 점검해보자.

1. 임대주택+일시적 2주택 비과세가 성립하는 경우

　주택임대사업자들도 자신의 거주주택에 대해 일시적 2주택 비과세특례를 받을 수 있다. 다만, 다음과 같은 요건들을 충족해야 한다.

1) 장기임대주택

앞에서 본 것처럼 다음의 요건을 충족해야 한다.

· 지자체에 민간임대주택으로 등록(4년 또는 8년)할 것
· 세무서에 사업자등록할 것
· 주택의 기준시가가 임대개시일 당시 6억 원(수도권 밖은 3억 원)
  을 초과하지 않을 것
· 등록 후 5년 이상 임대할 것
· 임대료 5% 증액 제한 요건을 충족할 것

2) 거주주택

원칙으로 전체 보유기간(등록 전도 인정) 중 2년 이상을 거주해야
한다. 다만, 2회 이상 거주주택을 양도 시에는 나중의 거주주택은
등록일 이후의 거주기간만 인정한다. 한편 일시적 2주택의 경우 다
음과 같은 요건이 추가된다.

· 새로운 주택의 취득일로부터 1~3년 내 양도할 것
· 2년 이상 보유할 것[41]

3) 새로운 주택

일시적 2주택 비과세를 받기 위해서는 새로 구입한 주택은 다음
과 같은 요건을 별도로 충족해야 한다.

---

41) 제154조 제5항에 따른 최종 1주택 보유기간 계산법이 적용된다.

· 거주주택 취득일로부터 1년 이후에 취득해야 한다.
· 새로운 주택 취득일로부터 1년(임대차계약이 남아 있는 경우에는 최대 2년간 유예) 내에 이 주택으로 전입해야 한다(단, 2019년 12월 17일 이후 조정대상지역 내 취득분에 한함).

※ 일반 비과세 규정과 거주주택 비과세특례 규정의 비교

일반적인 비과세 규정과 주임사의 거주주택 비과세특례를 비교해볼 때 여러 가지 측면에서 차이가 나고 있다.

구분	일반 비과세규정	주택임대사업자에 대한 특례규정
근거조항	소령 제154조, 제155조 제1항	소령 제155조 제20항
비과세 대상 주택 수	1세대 1주택, 일시적 2주택	장기임대주택 외 1세대 1주택, 일시적 2주택
비과세 대상 주택의 요건	· 2년 이상 보유 (특정 지역은 2년 거주) · 일시적 2주택은 1~3년 내 처분 등 조건 추가	· 2년 거주 요건(전국) · 좌동
임대주택에 대한 요건	없음.	· 등록일 당시 기준시가 6억/3억 원 이하 · 5년 이상 임대 · 임대료 증액 제한 준수
비과세 횟수	무한정	평생 1회(2019. 2. 12 이후)

앞에서 보면 주택임대사업자의 거주주택에 대한 양도세 비과세는 일반적인 양도세 비과세 요건과 임대사업자의 거주주택 비과세특례 요건이 결합되어 적용되므로 다른 규정에 비해 비과세 요건이 복잡한 편이다. 따라서 일반 규정의 비과세 규정이 바뀌면 이

부분도 이해해야 주택임대사업자에 대한 세무판단을 정확히 내릴 수 있게 된다.

2. 1회 비과세를 사용한 경우

주임사가 1회 비과세 한도를 사용한 경우의 과세방식을 정리하면 다음과 같다.

1) 임대주택 외 1주택을 보유한 경우

일반주택 1채는 비과세가 적용되지 않는다. 이미 1회를 사용했기 때문이다. 따라서 이때 1채는 과세가 되는데 장기임대주택이 중과배제 요건을 충족했는지에 따라 과세방식이 달라진다.

- 임대주택이 모두 중과배제 요건을 충족한 경우 : 일반과세(요건을 충족한 임대주택 외 1채는 중과배제)
- 임대주택 중 일부가 중과배제 요건을 충족하지 못한 경우 : 중과세

2) 임대주택 외 2주택 이상 보유 시

이 경우에는 중과세의 가능성이 있다.

3. 임대주택+일시적 2주택 비과세가 성립하지 않은 경우

임대주택 외 일반주택들이 2주택 비과세가 성립하지 않으면 다음과 같이 과세방식이 성립한다.

1) 일반주택이 2주택인 상태에서 1주택 처분 시

이 경우에는 3주택 이상 자에 해당되어 양도세가 무조건 과세되며, 이때 일반과세 또는 중과세 판단을 해야 한다.

2) 일반주택 1채 처분 후 거주주택 양도 시

임대주택 외 거주주택만 있으므로 이 경우 다음과 같은 논리가 성립한다.

· 2020년 12월 31일 이전에 거주주택을 양도하면 비과세가 가능하다. 물론 거주주택에서는 2년 이상 거주를 했어야 한다. 이외에도 2019년 2월 12일 이전 취득분이거나 2월 12일 이후 취득분으로써 최초 1회분에 해당되어야 한다.
· 2021년 1월 1일 이후에 거주주택을 양도하면 1주택을 보유한 날로부터 2년 이상을 더 보유한 후에 양도해야 비과세를 받을 수 있다. 비과세 보유기간 산정방법 변경에 따른 것이다.[42]

---

42) 주택임대사업자의 거주주택에 대한 일시적 2주택 비과세를 받기가 상당히 힘들어졌다. 저자와 상의하기 바란다.

05 자동말소 또는 자진말소 시의 거주주택 비과세 적용법

2020년 8월 18일부터 적용되고 있는 민특법상 자동말소와 자진 말소에 따라 이 부분이 소령 제155조 제20항의 거주주택 비과세 에도 많은 영향을 미치고 있다. 예를 들어 말소된 주택을 먼저 처 분하면 거주주택에 대한 비과세 요건에 영향을 주는지 등이 관건 이다. 이하에서는 이러한 점에 착안해 관련 규정 등을 분석해보고 자 한다.

1. 말소제도에 따른 거주주택 비과세 적용방법

소령 제155조 제23항에서는 민특법상 자동말소와 자진말소한 주택이 있는 경우 말소일로부터 5년 내 거주주택을 양도하면 비과 세를 적용한다. 일단 규정부터 살펴보자.

《23》제167조의3 제1항 제2호 가목 및 다목부터 마목까지의 규정에 해당하는 장기임대주택(법률 제17482호 민법법 일부개정법률 부칙 제5조 제1항이 적용되는 주택으로 한정한다)이 다음 각 호의 어느 하나에 해당하여 등록이 말소된 경우에는 해당 등록이 말소된 이후(장기임대주택을 2호 이상 임대하는 경우에는 최초로 등록이 말소되는 장기임대주택의 등록말소 이후를 말한다) 5년 이내에 거주주택을 양도하는 경우에 한정하여 임대기간 요건을 갖춘 것으로 보아 제20항을 적용한다(2020. 10. 7 신설).

1. 민법법 제6조 제1항 제11호에 따라 임대사업자의 임대의무기간 내 등록말소 신청으로 등록이 말소된 경우(같은 법 제43조에 따른 임대의무기간의 2분의 1 이상을 임대한 경우에 한정한다)(2020. 10. 7 신설)
2. 민법법 제6조 제5항에 따라 임대의무기간이 종료한 날 등록이 말소된 경우 (2020. 10. 7 신설)

앞의 내용을 좀 더 세부적으로 살펴보자.

첫째, 이 규정은 민법법 제6조 제1항 제11호(자진말소)와 제6조 제5항(자동말소)의 경우에만 적용한다. 따라서 이에 해당하지 않는 재건축 등에 의해 직권말소가 되면 이 규정이 적용되지 않는다.

둘째, 장기임대주택이 말소된 경우 말소일로부터 5년 내 거주주택을 양도하면 5년 임대기간 요건을 충족한 것으로 본다. 따라서 5년 후에 이를 양도하면 이의 요건을 위배한 것으로 보아 비과세를 받을 수 없다.

셋째, 장기임대주택을 2호 이상 임대하는 경우에는 최초로 등록이 말소되는 장기임대주택의 등록말소 이후를 말한다. 즉 말소된 주택이 여러 채 있는 경우에는 최초로 말소된 주택을 기준으로 5

년 여부를 가린다.

2. 말소제도 도입에 따른 쟁점

말소제도의 도입으로 인해 거주주택 비과세 받는 것이 매우 까다롭게 변한 측면이 있는데 그 이유를 찾아보면 다음과 같다.

첫째, 거주주택 양도일 현재 임대주택이 없는 경우에는 거주주택 비과세가 적용될까?
둘째, 말소주택이 여러 채인 상황에서 처분 등을 통해 주택 수를 줄였다면 이 경우 최초 말소된 주택은 어떤 것을 기준으로 할까?

앞의 첫 번째에 대한 답을 찾아보면
- 우선 소령 제155조 제20항에서는 거주주택 양도일 현재 주택을 임대하고 있어야 한다고 해석하고 있으므로 현실적으로 이 규정으로는 비과세 받기가 힘들다고 판단된다.
- 따라서 이 경우에는 소령 제154조 제1항과 제5항(최종 1주택 보유기간과 거주기간 리셋)이 적용될 것으로 보인다.

앞의 두 번째에 대한 답을 찾아보면
- 말소주택이 모두 임대 중에 있다면 최초 말소된 주택의 말소일을 기준으로 5년을 적용하면 되겠지만
- 이처럼 말소된 임대주택 중 일부가 처분되어 없어진다면 남아

있는 주택을 기준으로 최초 말소된 주택의 말소일을 기준으로 5년을 적용하는 것이 타당하지 않을까 싶다. 그 이유는 장기임대주택의 거주주택 비과세는 '양도일 현재' 보유하고 있는 임대주택을 대상으로 적용되는 제도에 해당하기 때문이다. 다음 사례도 이러한 취지를 반영하고 있다고 보인다.

※ 서면법령해석재산2020-5916(2021. 10. 28)

[제목]

임대주택 2채가 자동말소되고, 먼저 말소된 주택을 거주주택 전환 시 1세대 1주택 특례 적용기간

[요약]

3채(A, B, C)의 장기임대주택 중 1채(B)가 자동말소되어 거주주택으로 전환한 경우로서, 이후 다시 1채(A)의 장기임대주택이 자동말소된 경우에는 해당 임대주택(A)의 등록이 말소된 이후 5년 이내에 거주주택(B)을 양도하는 경우에 한정하여 임대기간 요건을 갖춘 것으로 봄.

[질의]

(사실관계)

· 2017년 4월 21일 서울 양천 A아파트 취득(2018년 1월 장기임대사업자 등록)

· 2018년 2월 13일 서울 용산 B아파트 취득(2018년 1월 단기임대사업자 등록)

· 2018년 11월 30일 서울 양천 C아파트 취득(2018년 12월 장기임대사업자등록)

· 2019년 9월 27일 경기 안양시 만안구 D아파트 취득(거주하지 않음)

· 2021년 12월 D아파트 매도 예정

· 2022년 1월 B아파트 자동말소 예정

 * 자동말소 후 입주하여 2년 거주할 예정

· 2026년 1월 A아파트 자동말소 예정
· 이후 B아파트 양도 예정

(질의내용)

· 3채(A, B, C)의 임대주택 중 2채(A, B)의 임대등록이 자동말소되고, 이 중 먼저 말소된 주택(B)을 거주주택으로 전환한 경우
  - 해당 거주주택(B)이 소령 제155조 제20항에 따른 특례를 적용받기 위한 양도기한

[회신]

서면질의 사실관계와 같이 소령 제155조 제20항에 따른 3채(A, B, C)의 장기임대주택 중 1채(B)가 민특법 제6조 제5항에 따라 등록이 말소(이하 '자동말소')되어 해당 주택을 소령 제155조 제20항에 따른 거주주택으로 전환한 경우로서, 이후 다시 1채(A)의 장기임대주택이 자동말소된 경우에는 <u>해당 임대주택(A)의 등록이 말소된 이후 5년 이내에 거주주택(B)을 양도하는 경우에 한정하여</u> 임대기간 요건을 갖춘 것으로 보아 소령 제155조 제20항을 적용하는 것임.

☞ 이 예규는 말소된 임대주택을 본인의 거주주택으로 전환하고, 여기에서 2년 거주하면 이에 대해 비과세를 받을 수 있음을 말한다. 사례의 경우 이 거주주택이 최초 1회에 해당하는 경우에는 전체 양도차익에 대해 비과세가 적용될 것으로 보인다.

06
임대주택의
거주주택 전환과 쟁점

이제 거주주택에 대한 양도세 비과세를 받은 후에, 임대의무기간을 마친 임대주택을 보유하고 있다고 하자. 그런데 이 임대주택을 처분이 아닌 거주주택으로 보유할 수가 있다. 이때 대두되는 세무상 쟁점들을 정리해보자.

1. 임대의무가 끝난 1주택만 보유하고 있는 경우

1) 1세대 1주택 비과세의 적용
소령 제155조 제20항 본문 하단에는 다음과 같은 규정이 있다.

이 경우 해당 거주주택을 민특법 제5조에 따라 민간임대주택으로 등록한 사실이 있고 그 보유기간 중에 양도한 다른 거주주택(양도한 다른 거주주택이 둘 이상인 경우에는 가장 나중에 양도한 거주주택을 말한다. 이하 '직전거주주택'이라 한다)이 있는 거주주택(민간임대주택으로 등록한 사실이 있는 주택인 경우에는 1주택 외의 주택을 모두 양도한 후 1주택을 보유하게 된 경우로 한정한다. 이하 이 항에서 '직전거주주택보유주택'이라 한다)인 경우에는 직전거주주택의 양도일 후의 기간분에 대해서만 국내에 1개의 주택을 소유하고 있는 것으로 보아 제154조 제1항을 적용한다(2021. 2. 17 개정).

이 규정을 조금 더 살펴보자.

- 최종 임대주택을 거주주택으로 전환한 경우 <u>직전거주주택의 양도일 후의 기간분에 대해서만</u> 1세대 1주택으로 보아 비과세를 적용한다.
  · 직전거주주택 양도일 이전의 양도차익 : 과세
  · 직전거주주택 양도일 이후의 양도차익 : 비과세(단, 2년 보유 및 거주 등 요건 충족해야 함)
- 양도한 다른 거주주택이 둘 이상인 경우에는 가장 나중에 양도한 거주주택을 말한다. 거주주택 비과세는 1회가 원칙이지만 때에 따라서는 2회 이상도 가능함을 앞서 보았다.

2) 과세와 비과세 양도차익의 안분

앞과 같이 직전거주주택에 대한 비과세를 받은 적이 있는 상태에서 최종 임대주택을 거주주택으로 전환한 경우에는 필연적으로 양도소득금액을 과세와 비과세분으로 안분해야 한다. 이에 소령 제161조에서는 다음처럼 안분하도록 하고 있다.

$$\text{법 제95조} \atop \text{제1항에 따른} \times \frac{\text{직전거주주택의 양도 당시} \atop \text{직전거주주택보유주택등의 기준시가} - \text{직전거주주택보유주택 등의} \atop \text{취득 당시의 기준시가}}{\text{직전거주주택보유주택 등의} \atop \text{양도 당시의 기준시가}} - \text{직전거주주택보유주택 등의} \atop \text{취득 당시의 기준시가}}$$

여기서 '법 제95조 제1항에 따른 양도소득금액'은 수입금액에서 필요경비와 장기보유특별공제액을 적용한 것을 말한다. 따라서 법 규정만 본다면 해당 임대주택에 대해 적용되는 장기보유특별공제율(50% 등)을 적용한 후에 양도소득금액을 계산해 과세대상 소득금액을 계산해야 할 것으로 보인다.

3) 적용 사례[43]

다음과 같은 상황에서 임대주택을 5년 임대한 후인 2022년 1월 1일에 1세대 1주택 상태에서 양도하면 과세되는가?

구분	취득			양도		양도소득금액
	취득 시기	기준시가	임대등록일	양도 시기	기준시가	
거주주택	2013. 1. 1	1억 원	-	2020. 1. 1	2억 원	5억 원
임대주택	2015. 1. 1	2억 원①	2016. 1. 1	2022. 1. 1	5억 원③ (2020. 1. 1. 4억 원②)	4억 원

이에 대한 판단을 순차적으로 해보자(단, 실무 적용 시에는 유권 해석 등을 확인할 것).

---

43) 구체적인 계산방법은 저자의 카페를 통해 시뮬레이션을 할 수 있다.

첫째, 임대주택의 전체 양도소득금액을 계산한다.

여기서 양도소득금액은 양도차익에서 장기보유특별공제를 차감해서 계산한다. 따라서 해당 임대주택의 취득일로부터 양도일까지를 기준으로 소득세법과 조특법에서 정하고 있는 공제율(0%, 6~30%, 50%, 70% 등)을 정확히 적용한 후에 이를 계산해야 한다.

사례의 경우 소득금액으로 4억 원이 미리 주어졌다.

둘째, 거주주택의 양도일 전에 발생한 양도소득금액에 대해서만 과세를 적용하고(∵ 이중혜택 방지), 그 이후에 발생한 소득금액에 대해서는 비과세를 적용한다. 이 경우 앞에서 본 식을 이용해 계산한다.

＊ 과세대상 임대주택 양도소득금액

$$법 제95조 제1항에 따른 양도소득금액 \times \frac{직전거주주택의 양도 당시 직전거주주택보유주택 등의 기준시가 - 직전거주주택보유주택 등의 취득 당시의 기준시가}{직전거주주택보유주택 등의 양도 당시의 기준시가 - 직전거주주택보유주택 등의 취득 당시의 기준시가}$$

$$= 4억 원 \times \frac{4억 원(②) - 2억 원(①)}{5억 원(③) - 2억 원(①)} = 4억 원 \times \frac{2억 원}{3억 원} = 2억 6,666만 원$$

셋째, 양도세는 다음과 같이 계산한다.

구분	금액	비고
= 양도소득금액	2억 6,666만 원	
- 기본공제	250만 원	
= 과세표준	2억 6,416만 원	
× 세율	38%	
- 누진공제	1,940만 원	
= 산출세액	80,980,800원	

☞ 임대주택을 거주주택으로 전환하는 것이 유리한 것인지에 대한 판단은 여러 가지 변수에 의해 달라질 수 있으므로 사전에 전문세무사를 통해 이를 확인하는 것이 좋을 것으로 보인다. 참고로 저자가 운영하고 있는 카페(네이버 신방수세무아카데미)에서는 이와 관련된 자동계산기를 제공하고 있다.

2. 거주주택으로 전환주택이 1주택이고 이후 대체주택을 취득한 경우

이 경우에는 일반규정, 즉 소령 제155조 제1항에 따른 일시적 2주택이 되므로 이에 대한 요건을 충족하면 비과세가 가능할 것으로 보인다. 이는 주택임대사업자가 아니므로 소령 제155조 제20항과는 무관하다.

Tip 임대주택을 거주주택으로 전환한 경우로써 비과세 적용 시 거주 요건이 적용될까?

일단 거주주택으로 전환한 임대주택이 최종 1주택에 해당하면 일부의 양도차익에 대해 비과세가 가능하다. 이때 조정대상지역 내에 적용되는 거주 요건에 대한 적용 여부는 다음과 같이 판단하면 될 것으로 보인다.

· **2017년 8월 2일 이전에 전환한 주택** : 거주 요건이 필요 없다. 1주택자가 임대 등록을 한 경우에는 거주 요건을 적용하지 않기 때문이다.

· **2017년 8월 3일 이후에 전환한 주택** : 조정대상지역의 경우 거주 요건이 필요 할 것으로 보인다.

Tip 거주주택으로 전환한 최종 임대주택의 과세소득금액 계산과 쟁점분석

앞에서 본 소령 제161조의 적용과 관련해 쟁점들이 발생하고 있다.

· 장기보유특별공제 적용

조특법 제97조의3에서는 임대기간 중 발생한 양도차익에 대해서만 50%의 공제율을 적용하도록 되어 있는데, 소령 제161조에서는 전체 양도차익에 대해 50%의 공제율을 적용하는 식으로 되어 있다.

· 고가주택에 대한 판단기준

거주주택으로 전환된 임대주택의 양도가액을 기준으로 고가주택을 판단할 것인지, 아니면 직전거주주택 양도일 이후에 해당하는 가액을 기준으로 이를 판단할 것인지가 명확하지 않다.

※ 저자 의견

임대주택의 거주주택 전환에 따른 양도소득금액 및 장기보유특별공제의 적용방법에 대해 소령 제161조에서 정하고 있지만, 구체적인 적용방법에 대해서는 정확한 해석이 없는 상황이다. 아직 이에 대한 다양한 사례들이 나오지 않고 있기 때문이다. 이에 저자는 현행 소령 제161조를 실무에 적용하는 것이 불합리하다고 판단한다. 그 이유는 다음과 같다.

첫째, 안분계산의 대상이 되는 양도소득금액을 임대주택에서 발행한 양도차익 전체에 대해 50% 등을 적용하도록 하고 있는데, 이는 최근 조특법 제97조의3의 개정(임대기간 중의 발생소득에 대해 특례 적용)에 따라 이를 사용할 수 없다는 문제가 있다. 따라서 전체 양도차익을 앞의 식으로 계산한 후에 과세분의 양도차익에 대해서는 6~30%, 50~70%의 공제율을 적용하고, 비과세분에 대한 양도차익에 대해서는 별도로 6~30% 또는 80%의 공제율을 적용하는 것이 타당하다고 본다.

둘째, 고가주택 판단은 직전거주주택 양도일 이후의 양도가액만을 가지고 판단하는 것이 타당하다고 본다.
소령 제155조 제20항에서는 직전거주주택 양도일 이후의 기간에 대해서만 1세대 1주택으로 본다고 하고 있기 때문이다.
따라서 저자의 의견대로 식을 통해 양도차익이 구분되었다면 이에 맞게 과세방식을 정하면 될 것으로 보인다.

· **과세분 양도차익** : 장기보유특별공제 적용(6~30%, 50%, 70%), 세율은 일반세율부터 중과세율까지 적용

· **비과세분 양도차익** : 직전거주주택 양도일 이후의 양도가액이 12억 원에 미달하면 전액 비과세, 이를 초과한 경우에는 아래처럼 안분

- 비과세 차익 = 전체 양도차익 × $\dfrac{\text{12억 원}^{44)}}{\text{양도가액}}$

- 과세 차익에 대한 장기보유특별공제 특례(80%, 별표2) : 직전 거주주택 양도일 이후 보유 및 거주기간을 적용

☞ 참고로 소령제161조 제4항에서는 앞의 양도소득금액 계산 시 법 제95조 제2항 표1(6~30%)을 적용*하고, 고가주택의 양도소득금액 계산 시 장기보유특별공제액은 법 제95조 제2항 표2(80%)를 적용하도록 하고 있다. 후자의 80%는 1주택이 된 날 이후의 기간을 가지고 판단해야 할 것으로 보인다.

* 물론 조특법상 50% 등을 받을 수 있다면 이를 우선으로 적용한다.

---

44) 직전거주주택 양도일 이후의 기간만 1세대 1주택으로 보기 때문에 실제 거래가액을 기준시가 비율로 안분해 나온 금액이 12억 원이 넘으면 이를 고가주택으로 분류하는 것이 타당해 보인다(유권 해석을 확인하기 바란다).

07
거주주택 양도세 비과세 신고 관련 쟁점

일반적으로 양도세가 비과세되는 경우에는 거주지 관할 세무서에 신고하지 않더라도 문제가 없다. 가산세를 부과하지 않기 때문이다. 하지만 주택임대사업자의 거주주택에 대한 비과세는 미리 신고하도록 하고 있다. 이하에서 이에 대해 알아보자.

1. 거주주택 양도세 비과세 신고

소령 제155조 제24항에서는 다음과 같이 거주주택에 대한 신고 방법을 제시하고 있다.

〈24〉 제20항을 적용받으려는 자는 거주주택을 양도하는 날이 속하는 과세기간의 과세표준신고서와 기획재정부령으로 정하는 신고서에 다음 각 호의 서류를 첨부하여 납세지 관할 세무서장에게 제출해야 한다(2020. 10. 7 항번개정).
1. 삭제(2021. 2. 17)
2. 장기임대주택의 임대차계약서 사본(2011. 10. 14 신설)
3. 임차인의 주민등록표 등본 또는 그 사본. 이 경우 주민등록법 제29조 제1항에 따라 열람한 주민등록 전입세대의 열람내역 제출로 갈음할 수 있다(2020. 2. 11 후단신설).
4. 그 밖에 기획재정부령으로 정하는 서류(2011. 10. 14 신설)

이와 관련된 쟁점을 정리해보자.

첫째, 거주주택 비과세를 받기 위해서는 신고를 해야 하는가?

앞의 본문을 보면 소령 제155조 제20항에 따른 비과세를 받기 위해서는 신고하도록 하고 있다.

이를 역으로 이야기하면 비과세를 받지 않으려면 이에 대한 신고서를 제출하지 않아도 된다는 논리가 성립한다. 따라서 이렇게 본다면 거주주택 비과세는 본인이 선택할 수 있게 된다.

하지만 이에 대해 일각에서는 소령 제155조 제20항에 있는 다음의 내용을 들어 2019년 2월 12일 이후 최초로 양도하는 주택에 대해서만 비과세를 적용한다고 한다(즉 납세자가 선택할 수 없다).

장기임대주택을 보유하고 있는 경우에는 생애 한 차례만 거주주택을 최초로 양도하는 경우에 한정한다.

☞ 만약 후자처럼 납세자가 선택할 수 없다면 비과세를 받지 않기 위한 편법이 등장할 수 있다. 예를 들어 거주 요건을 인위적으로 위배하는 등이 이에 해당한다. 따라서 이러한 부작용을 없애기 위해서는 거주주택 비과세는 본인이 선택할 수 있게 해주는 것이 타당해 보인다.

둘째, 거주주택 비과세를 위해 신고하지 않은 경우라도 사후적으로 비과세가 적용되는가?

그렇다. 사실관계를 통해 입증하면 될 것으로 보인다.

셋째, 임대차계약서 사본을 제출하지 않으면 비과세를 받을 수 없는가?

이를 제출하지 않더라도 비과세 요건을 충족했음을 입증할 수 있다면 비과세가 가능할 것으로 보인다. 그런데 비과세 요건 중 2019년 2월 12일부터 적용되고 있는 임대료 5% 상한율 준수 요건인데, 이 부분이 확인되지 않으면 비과세 받기가 힘들어질 수 있음에 유의해야 할 것으로 보인다.

2. 거주주택 비과세 신고서 미제출에 따른 불이익

거주주택에 대한 비과세 신고서를 제출하지 않는 경우에는 별도의 가산세는 없으나, 과세당국에서 비과세를 부인할 수도 있으므로(물론 그럴 가능성은 떨어지지만) 해당자들은 반드시 다음의 서식을 제때 제출하는 것이 좋을 것으로 보인다. 양도세 신고는 양도일이 속한 달의 말일로부터 2개월 내에 해야 한다.

■ 소득세법 시행규칙 [별지 제83호의2서식] (2021.03.16 개정)

주택임대사업자의 거주주택 1세대 1주택 특례적용신고서

※ 뒤쪽의 작성방법을 읽고 작성하시기 바랍니다.   (앞쪽)

접수번호		접수일		

신청인 (양도자)	① 성명			② 주민등록번호
	③ 주소		(전화번호 :)	

거주주택 (양도주택)	④ 소 재 지			
	⑤ 주택 면적(㎡)	⑥ 토지 면적(㎡)	⑦ 취득일	⑧ 양도일
	⑨ 거주기간(년 월 일 ~ 년 월 일)		⑩ 양도가액	

[ ] 거주주택 양도 당시 장기임대주택 등이 임대기간요건 등을 충족한 경우 내역(⑪)
[ ] 거주주택 양도 당시 장기임대주택 등이 임대기간요건 등을 미충족한 경우 내역(⑫)

구분	장기임대주택 등 내역						세법상 사업자등록		시군구청 임대등록	
	소재지 (⑬)	취득일 (⑭)	주택면적 (⑮)	토지면적 (⑯)	임대 개시일 (⑰)	임대개시 당시 기준시가 (⑱)	등록일 (⑲)	등록호수 (⑳)	등록일 (㉑)	등록호수 (㉒)
장기임대 주택(㉓)										
장기가정 어린이집 (㉔)										

임대내역(㉕)

구분	임차인		임대료		임대기간		
	성명	생년월일	보증금	월세	개시일	종료일	기간
최초 임대							
2회 임대							
직전거주 주택보유명세	소재지				양도일		

소령 제155조 제24항에 따라 주택임대사업자의 거주주택에 대한 1세대 1주택 특례적용신청서를 제출합니다.

년   월   일

신청인   (서명 또는 인)
세무대리인   (서명 또는 인)
(관리번호)

세무서장 귀하

첨부서류	뒤쪽 참조	수수료 없 음

210mm×297mm[백상지80g/㎡ 또는 중질지80g/㎡]

거주주택 비과세와 관련해 다양한 쟁점들이 급부상하고 있다. 앞에서 본 내용과 기타 내용을 종합해 최종 정리해보자.

1. 일반적인 경우

· 임대주택 외 1세대 1주택인 거주주택은 생애 동안 1회 비과세가 가능하다. 단, 이 규정은 2019년 2월 12일 이후 취득한 주택부터 적용한다. 따라서 그 이전에 취득한 것들은 적용대상에서 제외된다.

☞ 만일 2019년 2월 12일 이후에 취득한 주택에 대해 거주주택 비과세를 받기 위해서는 그 이전에 소령 제155조 제20항(거주주택 비과세)에 따라 비과세를 받은 적이 없어야 한다(☞ 해석이 다소 불합리하나 현실적으로 이를 인정해야 할 듯싶음).

· 거주주택이 입주권으로 전환된 경우에는 비과세를 받을 수 없다는 식으로 유권 해석(법령해석과-1038, 2018. 4. 18)이 나왔다(고법판례도 이와 같음).

☞ 판례 등은 입주권 비과세는 1세대 1주택에 한정해서 적용하지만, 이를 소령 제155조 제20항까지 확대해 적용하는 것은 무리라는 것이다(관련 규정이 없다는 것을 근거로 함). 하지만 오랫동안 보유한 거주주택이 입주권이 되었다고 해도 이에 대해서는 비과세를 적용해주는 것이 타당하다고 판단된다. 제8장에서 분석한다.

· 2년 거주 요건은 전국적으로 적용되며, 임대등록일 전의 것도 인정한다.

☞ 다만, 거주주택 비과세를 2회 차로 받고자 하는 경우 관할 세무서에의 사업자등록과 관할 지자체에의 임대사업자 등록을 한 날 이후의 거주기간을 말함에 유의해야 한다.

Q. 2주택 보유 중 한 채를 계약했는데 이에 대해 양도세 나올 것으로 예상된다. 이 상태에서 나머지 한 채를 임대등록 후에 잔금을 청산하면 비과세가 가능할까?

비과세는 잔금을 기준으로 한다. 따라서 잔금 전에 등록을 완료하고 실제 임대를 개시한 경우에는 비과세가 가능하다.

· 2년 보유 요건은 거주기간과 궤를 같이 한다.

Q. 임대주택 외 일반주택이 2주택 이상인 상황에서 과세주택을 먼저 정리한 후에 거주주택을 양도 시 2년 보유 및 거주 요건이 리셋될 것인가?

소령 제155조 제20항은 장기임대주택 외 거주주택이 1채 있는 경우 국내에 1개의 주택을 소유하고 있는 것으로 보아 소령 제154조 제1항을 적용한다. 따라서 소령 제154조 제5항에서 규정하고 있는 보유기간 및 거주기간*은 리셋이 되는 것으로 보인다.

* 소령 제154조 제1항 일반규정에 의한 거주기간은 2017년 8월 3일 이후에 조정대상지역 내의 것만 적용되지만, 소령 제155조 제20항에 따른 거주기간은 이와 무관하게 무조건 리셋이 된다고 봐야 한다.

2. 자동말소된 임대주택이 있는 경우

· 이 경우에는 거주주택을 말소일로부터 5년 내 처분해야 하는 요건이 추가된다. 이때 말소일은 다음과 같이 판단한다.

  - 말소주택이 1채만 있는 경우 : 그 주택의 말소일로부터 기산
  - 말소주택이 2채 이상이 있는 경우 : 최초 말소된 주택의 말소일을 기준으로 기산

※ 쟁점

말소주택을 거주주택 전에 먼저 처분한 경우 거주주택에 대한 과세방법이 달라지는지의 여부가 쟁점이 될 수 있다.

① 말소주택을 모두 양도하고 임대주택이 없는 경우 : 임대사업자의 거주주택 비과세제도가 아닌 일반규정에 따른 비과세제도가 적용된다(소령 제154조 1항). 이 경우 최종 1주택 보유기간 및 거주기간이 리셋된다.

☞ 저자의 경우 소령 제154조 1항과 소령 제155조 제20항 중 납세자가 하나를 선택해 적용하는 것이 타당하다고 본다. 다만, 보수적인 관점에서는 일반규정에 따라 비과세를 적용하는 것이 안전하다고 판단된다.

② 말소주택이 모두 임대 중에 있는 경우 : 최초 말소된 임대주택의 말소일로부터 5년 내 거주주택 양도 시 비과세를 적용한다.

☞ 이에 대해서는 쟁점이 없다.

③ 말소주택 중 일부를 처분하고 임대주택이 있는 경우 : 말소된 주택 중에서 임대하고 있는 주택의 말소일 기준으로 5년 내 거주주택 양도 시 비과세를 적용한다.

☞ 이 경우 '최초 말소일'을 어느 주택으로 할 것인지의 여부가 쟁점이 될 수 있다. 예를 들어

- 처분한 주택을 포함해 최초로 말소한 주택으로 할 것인지
- 처분한 주택을 제외하고 남아 있는 말소주택을 기준으로 할 것인지 등이다.

이에 대해 저자는 전자가 타당하다고 보나 거주주택은 임대업을 유지하는 한 1회 비과세가 주어지므로 현실적으로 후자를 기준으로 판단해야 할 것으로 보인다. 전자에 대한 주장 근거는 아래 소령 제155조 제23항을 보면 '등록의 말소'라는 사실이 중요해 보이기 때문이다.

· **소령 제155조 제23항**

등록이 말소된 경우에는 해당 등록이 말소된 이후(장기임대주택을 2호 이상 임대하는 경우에는 최초로 등록이 말소되는 장기임대주택의 등록말소 이후를 말한다) 5년 이내에 거주주택을 양도하는 경우.

3. 자진말소된 임대주택이 있는 경우

· 이 경우 거주주택 비과세를 받기 위해서는 민특법상 임대의무기간
의 1/2 이상을 임대한 상태에서 자진말소가 되어야 한다.

☞ 이에 대한 거주주택 비과세 원리나 기타 쟁점 등은 앞의 자동말
소와 같다.

4. 장기임대주택의 요건

· 거주주택 비과세를 위한 장기임대주택의 임대 요건은 소령 제155
조 제20항에 열거되어 있다. 이러한 판단기준은 거주주택의 '양도
일 현재'로 한다고 되어 있다.

 - 임대등록된 주택으로 5년 이상 임대할 것
 - 등록 당시 기준시가 6억 원(3억 원) 이하일 것
 - 임대 중에 임대료는 5% 이내에서 올릴 것(2019년 2월 12일 이후
   적용)

※ 쟁점

- 임대의무기간은 5년이지만, 자동말소 등으로 인해 이 기간이 4년
(또는 민특법상의 임대의무기간의 1/2)으로 축소될 수 있다는 것이다.
이 경우 세법은 민특법상의 임대의무기간을 준용하므로 이 법에서
정하고 있는 임대의무기간의 기산점, 만료점 그리고 공실에 대한
판단이 있어야 한다.

 · 기산점 : 관할 지자체 등록일과 실제 임대일 중 늦은날
 · 만료점 : 임대의무기간이 종료된 날
 · 공실 : 이에 대해서는 별도의 요건을 두고 있지 않고, 과태료의
   규정만 두고 있다.

따라서 임대의무기간 내에 공실이 있는 경우에는 다음과 같이 해결
하는 것이 좋을 듯하다.

- 말소 전에 거주주택을 양도하는 경우 : 전 임차인과 후 임차인 간의 공실이 6개월 이상이 되지 않으면 현실적으로 공실로 인한 쟁점은 없다고 판단된다.
- 말소된 후에 거주주택을 양도하는 경우 : 공실은 의미가 없다. 민특법상 임대의무기간이 충족하면 되기 때문이다.

☞ 이렇게 본다면 임대의무기간 중 공실이 얼마인지의 여부는 그렇게 중요한 변수는 아닐 것으로 판단된다. 만일 공실기간을 엄격하게 적용해 과세하는 경우 불복절차를 밟으면 충분히 승소할 수 있다고 판단된다.

- 임대주택이 자동말소 등으로 사업이 종료된 이후에도 임대료 상한 5% 내를 유지해야 하는지에 대한 논란이 있다. 이에 대한 검토는 이미 한 바가 있다(제3장 참조).

☞ 결국 세법상의 장기임대주택의 경우 기준시가 요건, 5%임대료 상한 요건 정도만 준수하면 큰 이슈는 없을 것으로 판단된다.

5. 임대주택을 거주주택으로 전환하는 경우

1) 거주주택으로 전환한 임대주택이 1세대 1주택인 경우

임대의무를 다한 임대주택을 거주주택으로 전환한 경우 이는 1세대 1주택으로 보아 비과세를 받을 수 있다. 다만, 이때는 직전거주주택의 양도일 이후에 발생한 양도차익에 대해서만 비과세를 적용한다.

2) 임대주택 전환 후에 생애 1회에 해당하는 거주주택을 양도하는 경우 비과세가 적용되는지의 여부

임대사업 중 거주주택(A)을 보유한 상태에서 이를 양도하지 않고, 그 대신 임대주택을 거주주택(B)으로 전환한 상태에서 말소일로부터 5년 내 A주택을 양도하면 소령 제155조 제20항에 따라 거주주택 비과세를 받을 수 있는지에 대해서는 양론이 있다.

첫째, 비과세가 가능하지 않다. 그 이유는 거주주택 비과세는 주택의 임대 중에 적용되는 제도이기 때문이다.

둘째, 비과세가 가능하다. 그 이유는 장기임대주택은 세법에서 정한 요건을 모두 충족했기 때문이다.

전자의 비과세가 가능하지 않다는 주요 논거는 소령 제155조 제20항의 '양도일 현재'라는 문구 때문이다. 즉 이를 확대해석해 양도일 현재 임대주택이 있는 상태에서 거주주택을 양도해야 비과세가 적용받을 수 있다는 것이다.

이에 대한 후자의 논거는
- 임대의무기간 종료되기 전에 거주주택 양도 시 비과세된다. 따라서 임대의무기간만 충족하면 거주주택 비과세가 가능하다.
- 말소일로부터 5년 내 처분 시 비과세 가능하다. 말소는 더 이상 임대사업자가 아님을 의미한다. 따라서 말소제도가 도입됨에 따라 '양도일 현재'란 문구에 치우쳐 거주주택 양도일 현재 임대주택이 있어야 한다는 것은 지나친 확대해석이다.

☞ 저자의 경우 후자의 근거가 타당하다고 판단된다. 만일 전자로 과세하는 경우 불복절차를 거치면 충분히 승소할 수 있을 것으로 판단한다(115페이지 예규 참조).

6. 비과세 선택신고 의무
· 거주주택 비과세는 생애 1회만 적용 가능하므로 이에 대해 선택적으로 신고할 수 있는지의 여부도 중요하다. 소령 제155조 제25항에서는 거주주택 비과세를 받으려는 자는 이에 대해 신청하도

록 하고 있다.

그런데 이에 대한 견해가 선택할 수 없다, 또는 있다로 양분되고 있다.

☞ 저자의 경우 이에 대해서는 선택할 수 있도록 하는 것이 타당하다고 판단하고 있다. 이에 대한 논거는
  - 소령 제155조 제25항에서 거주주택 비과세는 신청에 의해 받도록 하고 있고
  - 이를 신청하지 않은 경우라면 이에 대한 비과세를 받지 않으려는 의도가 있는 것이고
  - 이 제도가 생애 1회로 제한하다 보니 납세자의 선택권이 주어지는 것이 타당하기 때문이다.

제 **6** 장

장기임대주택과
양도소득세 중과배제

01
3주택 양도세 중과세의 원리

주임사의 임대주택에 대한 중과세 적용배제를 알기 위해서는 먼저 소령 제167조의3과 제167조의10 등에서 규정하고 있는 중과세제도를 정확히 이해할 필요가 있다. 전체적인 흐름 속에서 임대주택에 대한 중과세제도를 이해하는 것이 좋기 때문이다. 이하에서 3주택 중과세제도에 대해 먼저 알아보고 2주택 중과세는 바로 뒤에서 알아본다. 그리고 장기임대주택에 대한 세부적인 내용도 순차적으로 알아보기로 한다.

1. 중과세율 적용 주택 수 판단

소령 제167조의3에서는 3주택 중과세와 관련된 것으로 주로 중과배제하는 주택들의 범위에 대해 정하고 있다. 우선 이 규정을 그대로 살펴보자.

앞의 내용은 3주택 중과세를 적용하기 위해서는 최소한 주택 수가 3채 이상이 되어야 함을 요구하고 있다. 그런데 제1항 본문 중 괄호 안의 내용이 상당히 중요하다.

(제1호에 해당하는 주택은 주택의 수를 계산할 때 산입하지 않는다)

이는 규제지역(수도권, 광역시, 특별자치시의 읍·면 지역 외 시지역을 말함) 외 지역의 기준시가 3억 원 이하 주택은 주택 수 계산에 산입하지 않는다는 것을 의미하는 것으로, 이러한 주택은 중과세를 판단할 때 주택이 없는 것으로 보고 관련 내용을 적용하겠다는 것을 말한다. 예를 들어 천안에 기준시가 2억 원짜리 주택이 10채가 있고 서울에 1채가 있다면 천안주택은 기준시가 미달로 주택 수에서 제외되므로 중과세 적용대상 주택 수는 1채에 불과하게 된다. 따라서 기본적인 요건인 주택 수가 3채(2주택 중과세는 2채)에 미달하므로 이 경우에는 소령 제167조의3이나 2주택 중과세를 담고 있는 소령 제167조의10을 적용받지 않게 된다.

2. 중과배제되는 주택의 유형

앞의 결과에 따라 중과대상 주택 수가 3채가 되었다고 하자. 그렇다면 이 중 어느 하나의 주택을 양도하면 바로 중과세가 적용될까? 아니다. 그렇게 해서는 억울한 사례들이 많이 발생할 수밖에 없을 것이다. 이에 소령 제167조의3 제1항 제2호 등에서는 중과세를 적용하지 않는 주택들의 범위를 정하고 있다. 대략적인 것은 다음과 같다.

- 2호 : 법 제168조에 따른 사업자등록과 민특법 제5조에 따른 임대사업자를 등록하고 요건을 충족한 장기임대주택(가목~사목)
- 3호 : 조특법 제97조·제97조의2 및 제98조에 따라 양도세가 감면되는 임대주택으로서 5년 이상 임대한 국민주택(감면대상장기임대주택)
- 4호 : 장기(10년) 사원용주택
- 5호 : 조특법 제77조, 제98조의2, 제98조의3, 제98조의5부터 제98조의8까지, 제99조, 제99조의2 및 제99조의3에 따라 양도세가 감면되는 주택
- 6호 : 문화재주택
- 7호 : 제155조 제2항에 해당하는 상속받은 주택(상속받은 날부터 5년이 경과하지 아니한 경우에 한정한다)
- 8호 : 저당권의 실행으로 인하여 취득하거나 채권변제를 대신하여 취득한 주택으로서 취득일부터 3년이 경과하지 아니한 주택(2005. 2. 9 개정)

앞의 제2호부터 제13호까지의 주택들은 중과대상 주택 수에는 계산되지만, 이러한 주택들을 양도하는 경우에는 중과세가 적용되지 않는다. 이러한 주택을 실무에서 '중과배제 주택'이라고 한다.

☞ 앞의 내용 중 제2호는 중과가 배제되는 임대주택으로 우리가 앞으로 살펴볼 주요 항목에 해당한다. 한편 제10호(1개의 일반주택) 역시 중과세가 적용배제되는데, 여기서 먼저 점검할 것이 있다. 아래 10호 내용을 보면 1세대가 '제1호부터 … 제8호의2에 해당하는 주택을 제외하고' 1개의 주택을 소유했을 때 중과세를 적용하지 않겠다는 것을 의미하는데, 이는 각 호에서 제시한 요건들을 충족한 상태에서 일반주택이 1개만 있을 때 중과세를 적용하지 않겠다는 것을 말한다. 따라서 각 호에

서 요구한 요건을 갖추지 못한 경우에는 일반주택이 1개라도 중과배제를 적용받지 못한다.

> · 10호 : 1세대가 제1호부터 제8호까지 및 제8호의2에 해당하는 주택을 제외하고 1개의 주택만을 소유하고 있는 경우에 해당 주택(이하 이 조에서 '일반주택'이라 한다)

그런데 한 가지 더 점검할 것이 있다. 비규제지역의 기준시가 3억 원 이하의 주택이 중과세 적용대상 주택 수에서 차감된다고 했는데, 제10호에서도 마찬가지로 이를 제외한다는 것이다. 따라서 일반주택이 2채가 있더라도 비규제지역의 기준시가가 3억 원 이하인 주택은 없는 것으로 봐주기 때문에 일반주택은 1채로 보아 중과배제를 하게 된다.

Q. **장기임대주택 외에 서울에 일반주택 한 채와 지방 군지역에 기준시가 1천만 원짜리 주택이 있다. 이때 서울의 일반주택을 양도하면 과세방식은?**

- 거주주택 비과세 판단 시에는 일반주택이 2채가 되므로 비과세가 적용되지 않을 수 있다.
- 서울주택이 과세되는 경우 일반과세가 적용된다. 중과세 판단 시 주택 수에는 지방 군지역 주택의 기준시가가 3억 원에 미달함에 따라 중과배제되는 1개의 일반주택에 해당하기 때문이다.

3. 최종 중과세 적용

이상의 단계를 거쳐 양도하는 주택에 대해 3주택 중과세를 적용하게 된다. 물론 이 주택은 조정대상지역 내에 소재해야 한다. 비조정대상지역은 중과세를 적용하지 않기 때문이다.

4. 적용 사례

사례를 통해 앞의 내용을 종합적으로 알아보자.

〈자료〉
· 서울(조정대상지역) : 일반주택
· 부산(조정대상지역) : 임대주택(2채)
· 천안(조정대상지역) : 일반주택(기준시가 2억 원)

Q[1]. 중과세제도를 적용하기 위한 주택 수는 몇 개인가?

규제지역인 수도권, 광역시에 3채(임대주택도 포함됨)가 있고 비규제지역에는 없다(기준시가 미달로). 따라서 이 경우 3채가 된다.

Q[2]. 앞의 경우 적용되는 중과세유형은?

중과세 대상주택 수가 3채이므로 3주택 중과세가 적용된다.

Q³. 서울에 있는 일반주택을 양도하면 3주택 중과세가 적용될까?

아니다. 일반주택이 1개이므로 소령 제167조의3 제10호에 따라 중과배제된다.

Q⁴. 천안에 주택이 1개 더 있는데 왜 서울주택은 중과배제되는가?

제10호에서는 비규제지역의 3억 원 이하 주택을 제외하고 이 규정을 적용하도록 하고 있기 때문이다. 즉 일반주택이 서울과 천안에 소재하고 있지만, 천안주택은 중과세제도와 아예 관계가 없으므로 일반주택은 1개가 되는 것이다.

02
2주택 양도세 중과세의 원리

주택 양도세 중과세제도는 두 가지 유형이 있는데, 그중 하나가 앞에서 살펴본 소령 제167조의3이고, 다른 하나는 소령 제167조의 10에서 정하고 있는 2주택 중과세제도다. 이하에서는 2주택 중과세제도에 대해 알아보자. 2주택 중과세제도는 3주택 중과세와는 달리 중과배제되는 주택들이 상당히 넓게 포진되어 있다. 예를 들어 소형주택, 일시적 2주택 등이 이에 해당한다.

1. 중과세율 적용 주택 수 판단

소령 제167조의10 제1항에서는 중과세율 적용 주택 수 판단은 앞에서 본 3주택 중과세와 같은 식으로 한다.

① 법 제104조 제7항 제1호에서 '대통령령으로 정하는 1세대 2주택에 해당하는 주택'이란 국내에 주택을 2개(제1호에 해당하는 주택은 주택의 수를 계산할 때 산입하지 않는다) 소유하고 있는 1세대가 소유하는 주택으로서 다음 각 호의 어느 하나에 해당하지 않는 주택을 말한다(2020. 2. 11 개정).

1. 수도권 및 광역시·특별자치시(광역시에 소속된 군, 지방자치법 제3조 제3항·제4항에 따른 읍·면, 세종특별자치시 설치 등에 관한 특별법 제6조 제3항에 따른 읍·면에 해당하는 지역을 제외한다) 외의 지역에 소재하는 주택으로서 해당 주택 및 이에 부수되는 토지의 기준시가의 합계액이 해당 주택 또는 그 밖의 주택의 양도 당시 3억 원을 초과하지 않는 주택(2021. 2. 17 개정)

2. 중과배제되는 주택의 유형

2주택 중과세제도에서 중과배제되는 주택의 유형은 기본적으로 3주택 중과세제도에서 본 주택들 외에 2주택 중과세제도에서만 중과배제되는 주택들이 추가된다.

구체적으로 제2호부터 제14호까지 다음과 같이 규정되어 있다.

- 2호 : 제167조의3 제1항 제2호부터 제8호까지 및 제8호의2 중 어느 하나에 해당하는 주택
- 3호 : 1세대의 구성원 중 일부가 기획재정부령으로 정하는 취학, 근무상의 형편, 질병의 요양, 그 밖에 부득이한 사유로 인하여 다른 시(특별시·광역시·특별자치시 및 제주특별자치도 설치 및 국제자유도시 조성을 위한 특별법 제10조 제2항에 따라 설치된 행정시를 포함한다)·군으로 주거를 이전하기 위하여 1주택(학교의 소재지, 직장의 소재지 또는 질병을 치료·요양하는 장소와 같은 시·군에 소재하는 주택으로서 취득 당시 법 제99조에 따른 기준시가의 합계액이 3억 원을 초과하지 아니하는 것에 한정한다)을 취득함으로써 1세대 2주택이 된 경우의 해당 주택(취득 후 1년 이상 거주하고 해당 사유가 해소된 날부터 3년이 경과하지 아니한 경우에 한정한다)
- 4호 : 제155조 제8항에 따른 수도권 밖에 소재하는 주택
- 5호 : 1주택을 소유하고 1세대를 구성하는 사람이 1주택을 소유하고 있는 60세 이상의 직계존속(배우자의 직계존속을 포함하며, 직계존속 중 어느 한 사람이 60세 미만인 경우를 포함한다)을 동거봉양하기 위하여 세대를 합침으로써 1세대가 2주택을 소유하게 되는 경우의 해당 주택(세대를 합친 날부터 10년이 경과하지 아니한 경우에 한정한다)
- 6호 : 1주택을 소유하는 사람이 1주택을 소유하는 다른 사람과 혼인함으로써 1세대가 2주택을 소유하게 되는 경우의 해당 주택(혼인한 날부터 5년이 경과하지 아니한 경우에 한정한다)
- 7호 : 주택의 소유권에 관한 소송이 진행 중이거나 해당 소송결과로 취득한 주택(소송으로 인한 확정판결일부터 3년이 경과하지 아니한 경우에 한정한다)
- 8호 : 1주택을 소유한 1세대가 그 주택을 양도하기 전에 다른 주택을 취득(자기가 건설하여 취득한 경우를 포함한다)함으로써 일시적으로 2주택을 소유하게 되는 경우의 종전의 주택[다른 주택을 취득한 날부터 3년이 지나지 아니한 경우(3년이 지난 경우로서 제155조 제18항 각 호의 어느 하나에 해당하는 경우를 포함한다)에 한정한다](2018. 2. 13 신설)
- 9호 : 주택의 양도 당시 법 제99조에 따른 기준시가가 1억 원 이하인 주택. 다만, 도시 및 주거환경정비법에 따른 정비구역(종전의 주택건설촉진법에 따라 설립인가를 받은 재건축조합의 사업부지를 포함한다)으로 지정·고시된 지역 또는 빈집 및 소규모주택 정비에 관한 특례법에 따른 사업시행구역에 소재하는 주택(주거환경개선사업의 경우 해당 사업시행자에게 양도하는 주택은 제외한다)은 제외한다.
- 10호 : 1세대가 제1호부터 제7호까지의 규정에 해당하는 주택을 제외하고 1개의 주택만을 소유하고 있는 경우 그 해당 주택

- 11호 : 조정대상지역의 공고가 있은 날 이전에 해당 지역의 주택을 양도하기 위하여 매매계약을 체결하고 계약금을 지급받은 사실이 증빙서류에 의하여 확인되는 주택(2018. 10. 23 신설)
- 12호 : 제95조 제4항에 따른 보유기간이 10년 이상인 주택을 2020년 6월 30일까지 양도하는 경우 그 해당 주택(2020. 2. 11 신설)
- 13호 : 제155조 제2항에 따라 상속받은 주택과 일반주택을 각각 1개씩 소유하고 있는 1세대가 일반주택을 양도하는 경우로서 제154조 제1항이 적용되고 같은 항의 요건을 모두 충족하는 일반주택(2021. 2. 17 신설)
- 14호 : 제155조 제20항에 따른 장기임대주택과 그 밖의 1주택(이하 이 호에서 '거주주택'이라 한다)을 소유하고 있는 1세대가 거주주택을 양도하는 경우로서 제154조 제1항이 적용되고 같은 항의 요건을 모두 충족하는 거주주택(2021. 2. 17 신설)

앞의 내용 중 제2호와 제10호 및 제11호 등은 3주택 중과세에서 정하고 있는 것과 같다. 나머지는 중과세 대상 주택 수가 2채인 경우에만 적용되는 것들이다. 이처럼 임대주택을 합해 중과대상 주택 수가 2채인 경우에는 대부분 이런저런 이유로 인해 일반과세를 적용받는 경우가 많다. 사례를 통해 이 부분을 확인해보자.

〈자료〉
- A주택 : 2022년 1월 취득
- B주택 : 2022년 10월 취득
- 모두 조정대상지역에 소재

Q¹. 앞의 경우 비과세가 적용되는 일시적 2주택에 해당하는가?

그렇지 않다. 일시적 2주택에 의해 비과세를 받기 위해서는 A주택과 B주택의 간극이 1년 이상 벌어져야 한다.

Q². 만일 B주택을 먼저 양도하면 중과세가 적용되는가?

그렇다. 이 경우 2주택 중과세가 적용된다.

Q³. 만일 A주택을 먼저 양도하면 중과세가 적용되는가?

아니다. 이 경우 B주택을 취득한 날로부터 3년 내에 A주택을 양도하면 2주택 중과배제되는 일시적 2주택에 해당되어 일반과세가 적용된다. 앞의 제8호에 해당되는 내용이다.

Q⁴. 만일 앞의 사례에서 C주택이 하나 더 있다고 하자. 그런데 이 주택은 지방소도시의 기준시가가 3억 원 이하에 해당한다. 이 경우 A주택은 일시적 일시적 2주택에 의해 중과배제가 될까?

3억 원 이하의 주택은 중과세 대상 주택 수에서 제외하므로 이를 제외하고 판단하는 것이 타당하나 과세관청은 이를 포함해 이의 규정을 적용한다(양도, 조심-2021-중-1803, 2021. 6. 9, 현재 소송 진행 중). 따라서 이 경우 중과배제 받기가 힘들 것으로 보인다(저자 문의).

3. 최종 중과세 적용

이상의 단계를 거쳐 양도하는 주택에 대해 2주택 중과세를 적용하게 된다. 물론 이 주택은 조정대상지역 내에 소재해야 한다. 비조정대상지역은 중과세를 적용하지 않기 때문이다.

4. 적용 사례

사례를 통해 앞의 내용을 종합적으로 알아보자.

〈자료〉
· 서울(조정대상지역) : 일반주택
· 부산(조정대상지역) : 임대주택(1채)
· 천안(조정대상지역) : 일반주택(기준시가 2억 원)

Q[1]. 중과세제도를 적용하기 위한 주택 수는 몇 개인가?

규제지역인 수도권, 광역시에 2채(임대주택도 포함됨)가 있고 비규제지역에는 없다(기준시가 미달로). 따라서 이 경우 2채가 된다.

Q[2]. 앞의 경우 적용되는 중과세유형은?

중과세 대상주택 수가 2채이므로 2주택 중과세가 적용된다.

Q[3]. 서울에 있는 일반주택을 양도하면 2주택 중과세가 적용될까?

아니다. 일반주택이 1개이므로 소령 제167조의10 제10호에 따라 중과배제된다.

Q[4]. 천안에 주택이 1개 더 있는데 왜 서울주택은 중과배제되는가?

제10호에서는 비규제지역의 3억 원 이하 주택을 제외하고 이 규정을 적용하도록 하고 있기 때문이다. 즉 일반주택이 서울과 천안에 소재하고 있지만, 천안주택은 중과세제도와 아예 관계가 없으므로 일반주택은 1개가 되는 것이다.

03 중과배제되는 장기임대주택 완전분석

앞에서 보았듯이 3주택 또는 2주택 중과세제도에서 세법상 요건을 갖춘 장기임대주택은 중과배제가 됨을 알았다. 이는 주임사가 마음 놓고 임대업을 영위할 수 있도록 하는 최소한의 안전장치가 된 셈이다. 그런데 최근 부동산 대책에 따라 임대주택에 대한 세제 등이 자주 바뀌게 되어 이에 대한 판단이 쉽지 않게 되었다. 이하에서는 이러한 점에 유의해 장기임대주택의 범위를 정하고 있는 소령 제167조의3 제1항 제2호 가목부터 사목 등을 분석해보자.

1. 중과배제되는 장기임대주택[45]

임대주택이 중과배제되기 위해서는 소령 제167조의3 제1항 제2

---

45) 소령 제167조의3에서는 이러한 주택을 '장기임대주택'이라고 한다. 소령 제155 조 제20항에서 규정하고 있는 장기임대주택과는 구별해야 한다.

호의 내용에서 정하는 요건을 준수해야 한다. 우선 제1항 제1호의 본문을 살펴보자.

2. 법 제168조에 따른 사업자등록과 민특법 제5조에 따른 임대사업자 등록[46]을 한 거주자[47]가 민간임대주택으로 등록하여 임대하는 다음 각 목의 어느 하나에 해당하는 주택(이하 이 조에서 '장기임대주택'이라 한다). 다만, 이 조, 제167조의4, 제167조의10 및 제167조의11을 적용할 때 가목 및 다목부터 마목까지의 규정에 해당하는 장기임대주택(법률 제17482호 민특법 일부개정법률 부칙 제5조 제1항이 적용되는 주택으로 한정한다)으로서 민특법 제6조 제5항에 따라 임대의무기간이 종료한 날 등록이 말소되는 경우에는 임대의무기간이 종료한 날 해당 목에서 정한 임대기간 요건을 갖춘 것으로 본다(2020. 10. 7 개정).

앞의 내용은 중과배제되는 임대주택의 요건을 설명하고 있는데 이를 위해서는

- 등록해야 하고
- 제2호의 가목에서 사목까지 중 어느 하나의 주택에 해당해야 한다. 이때 각 목에서 정하고 있는 세법상 임대의무기간(5년, 8

---

46) 이하 이 조에서 '사업자등록 등'이라 하고, 2003년 10월 29일(이하 이 조에서 '기존사업자기준일'이라 한다) 현재 민특법 제5조에 따른 임대사업자등록을 했으나 법 제168조에 따른 사업자등록을 하지 않은 거주자가 2004년 6월 30일까지 같은 조에 따른 사업자등록을 한 때에는 민특법 제5조에 따른 임대사업자등록일에 법 제168조에 따른 사업자등록을 한 것으로 본다.
47) 양도세 집행기준 104-167의3-21 [비거주자 소유 장기임대주택의 중과배제] 장기임대주택의 임대의무기간에는 비거주자인 상태에서 임대하는 기간도 합산하며, 장기임대주택 요건을 갖춘 5호 이상의 국민주택을 임대하고 있는 비거주자가 임대의무기간 종료 후에 해당 임대주택을 양도하는 경우에는 다주택 중과세율이 적용되지 아니한다.

년 등)이 민특법 제6조 제5항에 의해 자동말소된 경우에는 임대기간 요건을 갖춘 것으로 본다.

☞ 여기서 한 가지 짚고 넘어갈 것은 '자동말소'의 경우 말소 이후에 임대의무기간 요건 외의 요건(임대료 증액 제한 등)에 대해서는 일절 언급이 없다는 것이다. 이에 반해 다음의 사목에서 보게 될 자진말소의 경우에는 이에 대한 언급이 있다. 이 부분은 향후 말소 후 임대기간에도 5%룰이 적용되는지의 여부를 판단할 때 근거로 사용되므로 다시 한번 봐주기 바란다.

2. 중과배제되는 장기임대주택의 유형

소령 제167조의3 제1항 제2호에서는 아래처럼 가목부터 사목까지 중과배제되는 장기임대주택의 유형을 정하고 있다. 이를 요약하면 다음과 같다.

가. 2018년 3월 31일 이전 등록한 매입임대주택(장단기 불문, 1호 이상, 5년 이상, 기준시가 6억·3억 원,[48] 5% 이내 증액 요건)	2018. 3. 31. 이전 등록(매입임대)
나. 2003. 10. 29. 등록한 임대주택(2호 이상, 국민주택, 5년 이상, 기준시가 3억 원 이하)	-
다. 2018년 3월 31일 이전 등록한 건설임대주택(장단기 불문, 298㎡·149㎡이하(대지·건물), 2호 이상, 5년 이상, 기준시가 6억 원, 5% 이내 증액 요건)	2018. 3. 31. 이전 등록(건설임대)
라. 2018. 6. 11~2009. 6. 30까지 미분양매입임대주택(수도권 밖, 298㎡·149㎡이하(대지·건물), 2호 또는 5호 이상, 5년 이상, 3억 원 이하)	-

---

48) 수도권 내는 6억 원, 수도권 밖은 3억 원을 말한다.

마. 2018년 4월 1일 이후 등록한 장기일반민간임대주택(10년[49] 장기등록, 1호 이상, 5년 이상, 기준시가 6억·3억 원, 5% 이내 증액 요건) 단, 다음의 어느 하나에 해당하는 주택은 제외함(2020. 10. 7 개정). 1) 1세대가 국내에 1주택 이상을 보유한 상태에서 새로 취득한 조정대상지역에 있는 장기일반민간임대주택(2020. 10. 7 신설)[50] 2) 2020년 7월 11일 이후 등록신청(임대할 주택을 추가하기 위해 등록사항의 변경 신고를 한 경우를 포함한다)한 장기일반민간임대주택 중 아파트를 임대하는 민간매입임대주택(2020. 10. 7 신설) 3) 종전의 단기민간임대주택을 2020년 7월 11일 이후 장기일반민간임대주택 등으로 변경 신고한 주택(2020. 10. 7 신설)	2018. 4. 1. 이후 등록(매입임대)
바. 2018년 4월 1일 이후 등록한 건설임대주택(10년 장기등록, 298㎡·149㎡ 이하(대지·건물), 2호 이상, 5년 이상, 기준시가 6억 원, 5% 이내 증액 요건) 단, 종전의 단기민간임대주택을 2020년 7월 11일 이후 장기일반민간임대주택 등으로 변경 신고한 주택은 제외	2018. 4. 1. 이후 등록(건설임대)
사. 위 가목 및 다목부터 마목까지의 규정에 따른 장기임대주택이 민특법 제6조 제1항 제11호에 따라 임대의무기간 내 등록말소 신청으로 등록이 말소된 경우(같은 법 제43조에 따라 임대의무기간의 2분의 1 이상을 임대한 경우로 한정한다)로서 등록말소 이후 1년 이내 양도하는 주택. 이 경우 임대기간 요건 외에 해당 목의 다른 요건은 갖추어야 한다(2020. 10. 7 신설).	자진말소한 주택

앞에서 특히 중요한 것은 마목과 사목이다. 이 둘은 최근의 부동산 대책에 따른 결과에 해당하기 때문이다. 구체적인 것들은 바로 뒤에서 분석하고 여기에서는 대략적인 것만 보자.

· **마목**

- 2018년 4월 1일 이후 등록 시 : 8년 장기등록, 8년 이상 임대 시 중과배제함(물론 기준시가 요건 등을 충족해야 함).

---

49) 2018년 4월 1일~2020년 8월 18일까지는 8년을 기준으로 한다.
50) 2018년 9월 14일 이후부터 적용되고 있다. 참고로 조정대상지역의 공고가 있은 날 이전에 주택(주택을 취득할 수 있는 권리를 포함한다)을 취득하거나 주택(주택을 취득할 수 있는 권리를 포함한다)을 취득하기 위해 매매계약을 체결하고 계약금을 지급한 사실이 증빙서류에 의해 확인되는 경우는 제외한다.

- 다만, 마목의 1)~3)은 중과세를 적용함.
  1) 2018년 9월 14일 이후 1세대 1주택 이상 보유상태에서 조정대상지역 내의 주택을 취득해 임대등록 시 : 무조건 중과세 적용함(종부세도 과세).
  2) 2020년 7월 11일 이후 아파트 임대등록 : 2020년 8월 18일 전까지 등록은 가능하나 중과세는 적용함(2020년 7·10대책).
  3) 2020년 7월 11일 이후 단기임대를 장기임대로 변경 시 : 2020년 8월 18일 전까지 등록변경은 가능하나 중과세는 적용함(2020년 7·10대책).

· 사목
- 민특법상 임대의무기간의 1/2 이상인 상태에서 자진말소 시 : 1년 내 처분 시 중과배제
- 단, 위 가목 및 다목부터 마목까지의 규정에 따른 장기임대주택에 해당되어야 함(즉 기준시가 등의 요건을 충족해야 함).
- 여기서 주의할 것은 임대기간 요건 외에 해당 목의 다른 요건은 갖추어야 한다는 것임(예 : 5% 임대료 상한).

☞ 여기서 따져볼 것은 자진말소의 경우 말소일로부터 1년 내 처분하면 중과배제되므로 1년만 5% 상한율을 지키면 된다는 것이다. 만일 1년 후에 양도하면 5%룰 준수 여부와 관계없이 무조건 중과세가 적용되기 때문이다.

3. 기타 유의해야 할 내용

1) 주택 수 계산

② 제1항을 적용할 때 주택 수의 계산은 다음 각호의 방법에 따른다.
1. 다가구주택 : 제155조 제15항을 준용하여 주택 수를 계산한다. 이 경우 제155조 제15항 단서는 거주자가 선택하는 경우에 한정하여 적용한다.
2. 공동상속주택 : 상속지분이 가장 큰 상속인의 소유로 하여 주택 수를 계산하되, 상속지분이 가장 큰 자가 2인 이상인 경우에는 제155조 제3항 각 호의 순서에 의한 자가 당해 공동상속주택을 소유한 것으로 본다.
3. 부동산 매매업자가 보유하는 재고자산인 주택 : 주택 수의 계산에 있어서 이를 포함한다.

앞의 제3호는 주택매매사업자가 보유한 사업용 주택에 대한 비교과세 적용을 위해 주택 수에 포함시키고 있다(단, 사업용 주택 외 거주주택 비과세 판단 시에는 주택 수에서 제외함).

※ 양도세 집행기준 104-167의3-6 [사업용 재고자산인 주택의 경우]
부동산 매매업자가 보유하는 재고자산인 주택은 중과세 대상 주택 수 계산에 포함하며, 주택신축판매업자(건설업에 해당하는 경우)의 재고자산인 주택은 주택 수의 계산에 포함되지 아니한다.

2) 장기임대주택의 임대기간의 계산

③ 제1항 제2호의 규정에 의한 장기임대주택의 임대기간의 계산은 조특령 제97조의 규정을 준용한다. 이 경우 사업자등록 등을 하고 임대주택으로 등록하여 임대하는 날부터 임대를 개시한 것으로 본다(2005. 2. 19 법명개정).

장기임대주택은 기본적으로 5년, 8년 등만큼 임대해야 하는데, 중간에 임대기간이 계속되지 않을 수 있다. 이 경우 조특령 제97조의 규정을 준용하는데, 여기에서는 전 임차인과 후 임차인의 공실이 3개월 미만인 경우에는 이를 임대기간에 포함하지만, 이를 넘어가면 이를 빼고 5년 등의 요건을 충족해야 한다.

☞ 이와 관련해 두 가지 정도 유의해야 한다.

- 공실이 3개월을 벗어나면 중과세가 적용되는지의 여부다. 결론을 말하면 그렇지 않다. 이 기간을 벗어나면 이 기간만큼 더 임대하면 되기 때문이다. 그런데 민특법에 따라 이 기간을 채우지 못한 채 등록이 자동말소된 경우에는 이 부분이 더 이상 문제가 되지 않는다. 무조건 임대의무기간 요건을 충족한 것으로 봐주기 때문이다.

- 중과배제를 위해서는 필요한 임대의무기간을 따질 때 임대의무가 개시된 날은 관할 지자체와 관할 세무서 그리고 실제 임대한 날 중 늦은 날부터 시작한다. 그런데 민특법의 임대의무기간은 관할 지자체와 실제 임대한 날 중 늦은 날이다. 이렇게 보면 세법과 민특법의 임대의무기간의 기산일에 차이가 있다. 사례를 통해 이 부분을 이해해보자.

〈자료〉
· 관할 지자체 등록일 : 2018년 1월 1일
· 관할 세무서 등록일 : 2018년 3월 1일
· 실제 임대개시일 : 2018년 2월 1일

Q¹. 민특법상 임대개시일은?

이 경우 관할 지자체 등록일과 실제 임대개시일만 비교한다. 따라서 둘 중 늦은 날이 되므로 2018년 2월 1일이 임대개시일이 된다.

Q². 세법상 임대개시일은?

이 경우 관할 지자체 등록일과 관할 세무서 등록일 그리고 실제 임대일 모두를 비교해야 한다. 따라서 셋 중 늦은 날이 되므로 2018년 3월 1일이 임대개시일이 된다.

Q³. 민특법에 따라 2022년 2월 1일에 등록이 자동말소되었다. 이 경우 세법상 임대의무 요건을 충족한 것으로 보는가?

그렇다. 세법은 민특법에 따른 임대의무기간을 인정하고 있다.

Q⁴. 민특법에 따라 2022년 1월 1일에 등록을 자진해 말소했다. 이 경우 이 경우 세법상 임대의무 요건을 충족한 것으로 보는가?

그렇다. 임대의무기간의 1/2 이상을 임대했기 때문이다.

Q⁵. 앞의 임대기간 중에 공실이 6개월 정도 있었다. 이 상태에서 2022년 1월에 자동말소되었다. 세법은 이를 인정하는가?

당연하다. 자동말소든, 자진말소든 세법은 민특법을 따라가기 때문이다.

3) 혼인 시 주택 수 특례

⑨ 제1항에도 불구하고 1주택 이상을 보유하는 자가 1주택 이상을 보유하는 자와 혼인함으로써 혼인한 날 현재 제1항에 따른 1세대 3주택 이상에 해당하는 주택을 보유하게 된 경우로서 그 혼인한 날부터 5년 이내에 해당 주택을 양도하는 경우에는 양도일 현재 양도자의 배우자가 보유한 주택 수(제1항에 따른 주택 수를 말한다)를 차감하여 해당 1세대가 보유한 주택 수를 계산한다. 다만, 혼인한 날부터 5년 이내에 새로운 주택을 취득한 경우 해당 주택의 취득일 이후 양도하는 주택에 대해서는 이를 적용하지 아니한다(2012. 2. 2 신설).

4) 중과배제 신고

주임사가 중과배제 요건을 갖춘 후 이를 일반과세로 신고한 경우에는 첨부된 서식을 이용해야 한다.

⑦ 제1항 제2호·제3호·제8호의2 및 제4항을 적용받으려는 자는 해당 임대주택 등 또는 일반주택을 양도하는 날이 속하는 과세연도의 과세표준신고서와 기획재정부령으로 정하는 신청서에 다음 각 호의 서류를 첨부하여 납세지 관할 세무서장에게 제출해야 한다(2020. 2. 11 개정).
1. 삭제(2021. 2. 17)
2. 임대차계약서 사본(2003. 12. 30 신설)*
3. 임차인의 주민등록표 등본 또는 그 사본. 이 경우 주민등록법 제29조 제1항에 따라 열람한 주민등록 전입세대의 열람내역 제출로 갈음할 수 있다(2020. 2. 11 개정).
4. 삭제(2006. 6. 12)
5. 그 밖의 기획재정부령이 정하는 서류(2008. 2. 29 직제개정)

* 임대료 인상율 등을 확인하기 위해 계약서 사본의 제출을 요구하고 있다. 이를 제출하지 않으면 중과배제를 받지 못할 수도 있다.

Tip 장기임대주택 외 1개의 일반주택의 중과배제에 대한 특칙[51]

소령 제167조의3 제4항과 제5항은 같은 영 제1항 제10호의 규정에 의한 1개의 일반주택에 대한 중과배제와 관련이 있다. 구체적인 것은 해당 규정을 보고 대략적인 내용만 열거하면 다음과 같다.

④ 1세대가 장기임대주택 등의 임대의무기간 등의 요건을 충족하기 전에 제1항 제10호의 규정에 의한 일반주택을 양도하는 경우에도 당해 임대주택 등을 제1항의 규정에 의한 장기임대주택 등으로 보아 제1항 제10호의 규정을 적용한다.

⑤ 제4항을 적용받은 1세대가 장기임대주택 등의 임대의무기간 등의 요건을 충족하지 못하게 되는 사유가 발생한 때에는 그 사유가 발생한 날이 속하는 달의 말일부터 2개월 이내에 제1호의 계산식에 따라 계산한 금액을 양도세로 신고·납부해야 한다. 이 경우 제2호의 임대의무기간 등 산정특례에 해당하는 경우에는 해당 규정에 따른다(2020. 2. 11 개정).

1. 납부할 양도세 계산식 : 생략

2. 임대의무기간 등 산정특례

　가. 공익용으로 수용된 경우 등 부득이한 사유로 해당 임대의무기간 등의 요건을 충족하지 못하게 임대주택 등을 계속 임대한 것으로 본다.

　나. 재건축사업 등이 있는 경우 임대의무호수를 임대하지 아니한 기간을 계산할 때 해당 주택의 관리처분계획 등 인가일 전 6개월부터 준공일 후 6개월까지의 기간은 포함하지 아니한다.

　다. 주택법 제2조에 따른 리모델링 사유가 있는 경우리 모델링의 허가일 전 6개월부터 준공일 후 6개월까지의 기간은 포함하지 않는다.

---

51) 이 규정은 장기임대주택 외 '1개의 일반주택'에 대한 중과배제를 받은 후 열거된 사유에 장기임대주택의 임대의무기간 요건을 충족하지 못했을 때 이의 요건을 충족한 것으로 봐준다는 것을 의미한다. 따라서 이 규정을 다른 규정 해석 시 유추해석해 적용하지 않아야 한다.

라. 제1항 제2호 가목 및 다목부터 마목까지의 규정에 따른 장기임대주택(법률 제17482호 민특법 일부개정법률 부칙 제5조 제1항이 적용되는 주택으로 한정한다)이 민특법 제6조 제1항 제11호에 따라 임대사업자의 임대의무기간 내 등록말소 신청으로 등록이 말소된 경우(같은 법 제43조에 따른 임대의무기간의 2분의 1 이상을 임대한 경우에 한정한다)로서 해당 목에서 정한 임대기간 요건을 갖추지 못하게 된 때에는 그 등록이 말소된 날에 해당 임대기간 요건을 갖춘 것으로 본다(2020. 10. 7 신설).

마. 재개발사업, 재건축사업 또는 소규모재건축사업으로 임대 중이던 당초의 장기임대주택이 멸실되어 새로 취득하거나 주택법 제2조에 따른 리모델링으로 새로 취득한 주택이 다음의 어느 하나의 경우에 해당하여 해당 임대기간 요건을 갖추지 못하게 된 때에는 당초 주택(재건축 등으로 새로 취득하기 전의 주택을 말한다)에 대한 등록이 말소된 날 해당 임대기간 요건을 갖춘 것으로 본다. 다만, 임대의무호수를 임대하지 않은 기간(이 항 각 호 외의 부분에 따라 계산한 기간을 말한다)이 6개월을 지난 경우는 임대기간 요건을 갖춘 것으로 보지 않는다(2020. 10. 7 신설).

1) 새로 취득한 주택에 대해 2020년 7월 11일 이후 종전의 민특법 제2조 제5호에 따른 장기일반민간임대주택 중 아파트를 임대하는 민간매입임대주택이나 같은 조 제6호에 따른 단기민간임대주택으로 종전의 민특법 제5조에 따른 임대사업자등록 신청(임대할 주택을 추가하기 위해 등록사항의 변경 신고를 한 경우를 포함한다. 이하 이 목에서 같다)을 한 경우

2) 새로 취득한 주택이 아파트(당초 주택이 단기민간임대주택으로 등록되어 있었던 경우에는 모든 주택을 말한다)인 경우로서 민특법 제5조에 따른 임대사업자등록 신청을 하지 않은 경우

■ 소득세법 시행규칙 [별지 제83호의5서식](2021.03.16 개정)

1세대 3주택 이상자의 장기임대주택 등 일반세율 적용신청서

※ 뒤쪽의 작성방법을 읽고 작성하시기 바랍니다. (앞쪽)

접수번호		접수일	
신청인 (양도자)	① 성명		② 주민등록번호
	③ 주소		(전화번호 :　　　　　)

양도 주택	④ 구분 [ ] 장기임대주택　[ ] 감면대상 장기임대주택　[ ] 장기가정어린이집　[ ] 일반주택			
	⑤ 소재지			
	⑥ 주택면적(㎡)	⑦ 토지 면적(㎡)	⑧ 임대개시일 당시 기준시가 합계액	⑨ 국민주택 여부
	⑩ 취 득 일		⑪ 양 도 일	

[ ] ⑫ 일반주택 등 양도 당시 장기임대주택 등의 의무임대기간 등을 충족한 경우 장기임대주택 등 보유내역

[ ] ⑬ 일반주택 등 양도 당시 장기임대주택 등의 의무임대기간 등을 미충족한 경우 장기임대주택 등 보유내역

구 분							세법상 사업자등록		시군구청 임대등록	
	⑭ 소재지	⑮ 취득일	⑯ 기준호수 임대기간	⑰ 임대 등 개시일	⑱ 공제기간	⑲ 주택임대 기간	⑳ 등록일	㉑ 등록호수	㉒ 등록일	㉓ 등록호수
㉔장기임대주택										
㉕감면대상장기 임대주택										
㉖장기가정 어린이집										

㉗임대내역

구 분	임차인		임대료		임대기간		
	성명	생년월일	보증금	월세	개시일	종료일	기간
최초 임대							
2회 임대							
3회 임대							

소령 제167조의3 제7항에 따라 장기임대주택 등 일반세율 적용신청서를 제출합니다.

년　　월　　일

신청인　　　　　　　　　　　　　(서명 또는 인)

세무서장 귀하

첨부서류	뒤쪽 참조	수수료 없 음

210mm×297mm[백상지80g/㎡ 또는 중질지80g/㎡]

앞에서 본 내용을 토대로 주임사의 임대주택 양도세 중과세 적용배제와 관련된 세무상 쟁점들을 종합적으로 정리해보자. 실무적으로 임대주택의 중과배제는 등록시기에 따라 배제 요건이 달라지므로 이 부분이 중요하다. 한편 말소된 주택을 보유한 경우 임대료 증액 요건을 준수해야 하는지 등도 쟁점이 될 수 있다. 이하에서 이에 대해 알아보자.

1. 장기임대주택의 중과배제 요건

등록한 임대주택이 중과배제되기 위해서는 다음과 같은 요건을 충족해야 한다.

- 관할 세무서 및 관할 지자체에 등록(2018년 4월 1일 이후는 장기로 등록)
- 등록 시 기준시가 6억 원(3억 원) 이하일 것
- 임대의무기간 5년(2018년 4월 1일 이후는 장기임대로 8년 이상 의무임대)
- 단, 2018년 9월 14일 이후 조정대상지역 취득분은 장단기등록 불문하고 무조건 중과세

2. 주요 쟁점

임대주택에 대한 주요 쟁점은 다음과 같다.

첫째, 부동산 대책에 따른 중과배제 요건을 제대로 이해하고 있는지
둘째, 말소된 이후에도 임대료 5%룰을 충족해야 하는지
셋째, 공실이 있는 상태에서 이를 양도하면 문제가 없는지 등임.

☞ 이 중 첫째 내용 위주로 분석을 해보자. 임대료 5% 상한룰과 공실부분은 이미 앞에서 분석했다(제3장 참조).

3. 부동산 대책별 중과배제 요건 분석

1) 2018년 3월 31일 이전 등록한 경우
2018년 3월 31일 이전은 장기임대주택이 우대를 받았던 시기로

- 장단기 중 하나로 등록
- 5년 이상 의무임대
- 6억(3억) 원 이하
- 5% 임대료 상한(2019년 2월 12일 이후 계약분) 충족 시 중과배제한다.

다만, 앞의 주택을 자진말소하는 경우 다음과 같은 요건이 추가된다.
　· 자진말소 : 민특법상의 임대의무기간의 1/2 이상을 임대한 후
　　에 말소하고, 말소일로부터 1년 내 처분할 것
　· 자동말소 : 없음(처분기한 없이 중과배제).

☞ 이처럼 이때 등록한 주임사는 4년 임대로 등록하더라도 기타
　의 요건만 충족하면 중과배제를 받을 수 있다.

2) 2018년 4월 1일 이후 등록한 경우

2018년 4월 1일 이후는 중과배제 요건이 강화된 때로 장기임대
주택이 중과배제를 받기 위해서는
- 장기로 등록
- 8년 이상 의무임대
- 6억(3억) 원 이하
- 5% 임대료 상한(2019년 2월 12일 이후 계약분) 요건을 충족해야 한다.

다만, 앞의 주택을 자진말소하는 경우 다음과 같은 요건이 추가된다.
　· 자진말소 : 민특법상의 임대의무기간의 1/2 이상을 임대한 후
　　에 말소하고, 말소일로부터 1년 내 처분할 것

· 자동말소 : 없음(처분기한 없이 중과배제).

☞ 2018년 4월 1일 이후 조정대상지역에서 등록한 경우 8년 이상 장기임대로 등록한 경우에만 중과세를 적용하지 않는다. 이때 등록증이 단기등록이 되어 있는 상태에서 이를 장기로 변경한 경우를 제외하고 단기임대상태로 계속 8년 이상 임대해도 여전히 중과세를 적용한다는 사실에 유의해야 한다. 사례를 통해 이에 대해 알아보자.

〈자료〉
· A주택 : 2018년 3월 31일 단기등록
· B주택 : 2018년 4월 1일 단기등록

Q¹. A주택이 자동말소되었다. 이 주택을 양도하면 중과세를 면하는가?

2018년 4월 1일 전의 등록분은 장단기를 불문한다. 따라서 기준시가 요건 등을 충족하면 중과배제한다.

Q². B주택이 자동말소되었다. 이 주택을 양도하면 중과세를 면하는가?

아니다. 2018년 4월 1일 이후에는 장기로 등록해야 중과세를 적용하지 않는다.

Q³. B주택을 2018년 5월 1일에 장기로 변경했다. 이 경우 8년이 지난 상태에서 양도하면 중과세를 면하는가?

그렇다. 2018년 4월 1일 이후에는 처음부터 단기로 등록했더라도 장기로 변경하면 중과세를 적용하지 않는다.

☞ 참고로 이러한 임대유형 변경은 소득세법상 중과세 적용배제와 종부세법상 종부세 합산배제의 규정은 물론, 조특법 등의 세제지원에서도 그대로 인정을 받을 수 있다. 이에 대한 자세한 내용은 다음 제7장에서 살펴본다.

3) 2018년 9월 14일 이후 등록한 경우

2018년 9월 13일은 9·13대책이 들어온 날로 9월 14일 이후부터 조정대상지역 내에서 취득한 주택들은 등록하더라도 무조건 중과세를 적용한다. 취득 시점에 따라 중과배제 여부를 정리하면 다음과 같다.

① 2018년 9월 13일 이전 취득분으로 9월 14일 이후 등록한 주택
- 조정대상지역 취득분(증여 포함) : 8년 장기임대로 8년 이상 임대 시 중과세 적용배제 가능(단, 기준시가 요건 등 충족해야 함)
- 비조정대상지역 취득분(증여 포함) : 중과세제도와 관계가 없음.

② 2018년 9월 14일 이후 취득분으로 9월 14일 이후 등록한 주택
- 조정대상지역 취득분(증여 포함) : 장단기등록을 불문하고 무조건 중과세 적용함(자동말소 및 자진말소 관계없음).
- 비조정대상지역 취득분(증여 포함) : 중과세제도와 관계가 없음.

사례를 통해 앞의 내용을 확인해보자.

Q¹. A주택을 2019년 3월에 등록했다. 이 주택이 자동말소되면 중과 배제되는가?

2018년 9월 13일 이전에 취득한 주택은 규제를 받지 않는다. 따라서 이 주택을 말소된 상태에서 양도하면 중과배제를 받을 수 있다.

Q². B주택을 2019년 3월에 8년 장기임대로 등록했다. 이 주택이 자동말소되면 중과배제되는가?

2018년 9월 14일 이후에 취득(증여포함)한 주택은 규제를 받는다. 따라서 이 주택을 8년 장기로 등록 후 말소가 되더라도 중과세를 적용한다.

Q³. 앞의 주택들은 아파트에 해당하고 이 주택들을 2020년 7월 31일에 8년으로 등록했다고 하자. 이 경우 양도세 중과배제를 받을 수 있을까?

아니다. 2020년 7월 10일 7·10대책에서는 아파트에 대해서는 2020년 8월 18일부터 등록을 불허했으며, 2020년 7월 11일~8월 17일 사이에 등록은 가능하나 이에 대해서는 세제혜택을 주지 않는다. 따라서 사례의 두 주택 모두 중과세 대상이 된다.

Tip 2020년 7·10대책에 따라 변화된 등록제도와 세제지원제도

2020년 7·10대책에 따라 주임사에 대한 제도가 대폭 개편되었다. 등록과 세제지원에 관한 핵심 내용을 정리하면 다음과 같다.

구분	신규	기존
등록 관련	· 아파트 제외한 모든 주택 · 10년 장기임대	· 단기임대 : 자동·자진말소 · 장기임대 중 아파트 : 자동·자진말소 (기타는 자동·자진말소불가) · 단기에서 장기변경 금지

세제 관련	· 취득세, 재산세 감면
	· 거주주택 비과세(1회)
	· 종부세 합산배제 및 양도세 중과배제
	  (단, 2018년 9월 14일 이후 조정지역 취득분 제외)
	· 조특법 장특공제(건설임대만 허용)
	· 조특법 양도세 감면 : 기종료
		· 재산세 감면
		· 거주주택 비과세(1회)
		· 종부세 합산배제 및 양도세 중과배제
		  (단, 2018년 9월 14일 이후 조정지역 취득분 제외)
		· 조특법 장특공제
		· 조특법 양도세 감면

※ 저자 주

중과배제되는 등록말소주택이 있다면 다음과 같은 순서로 처분하는 것이 좋을 것으로 보인다. 참고로 한 해에 2회 이상 양도 시 양도차익을 합산해 6~45%가 적용되는 것이 원칙이다.

① 4년 단기임대

· 자진말소한 주택 → 말소일로부터 1년 내에 처분
· 자동말소한 주택 → 양도차익이 작은 것부터 순서대로 처분

② 8년 장기임대

8년 장기임대주택은 조특법상 장기보유특별공제 특례를 받을 수 있으므로 8년 이상 임대한 후에 양도하는 것이 유리할 수 있다.

05
중과배제를 받지 못하는 임대주택들

주임사가 임대한 주택들 중에서 임대의무기간을 지켰다고 하더라도 중과배제를 적용받지 못하는 주택들이 상당수가 된다. 예를 들어 기준시가 요건 등을 충족하지 못했거나 부동산 대책에 따라 세제지원이 중단된 것들이 대표적이다. 이하에서 이에 대해 종합적으로 알아보자.

1. 기준시가 요건을 충족하지 못한 주택들

앞에서 보았듯이 장기임대주택이 중과배제를 적용받기 위해서는 소령 제167조의3 제1항 제2호에서 정하고 있는 기준시가 요건을 갖춰야 한다. 일단 제2호 가목의 매입임대주택을 통해 이를 확인해보자.

2. 법 제168조에 따른 사업자등록과 민특법 제5조에 따른 임대사업자등록을 한 거주자가 민간임대주택으로 등록하여 임대하는 다음 각 목의 어느 하나에 해당하는 주택(이하 이 조에서 '장기임대주택'이라 한다).

가. 민특법 제2조 제3호에 따른 민간매입임대주택을 1호 이상 임대하고 있는 거주자가 5년 이상 임대한 주택으로서 민간매입임대주택을 1호 이상 임대하고 있는 거주자가 5년 이상 임대한 주택으로서 해당 주택 및 이에 부수되는 토지의 기준시가의 합계액이 해당 주택의 임대개시일 당시 6억 원(수도권 밖의 지역인 경우에는 3억 원)을 초과하지 않고….

1) 적용 시점

앞의 내용을 보면 기준시가 요건은 관할 세무서와 관할 지자체의 등록을 전제로 '임대개시일 당시'의 기준시가를 기준으로 한다. 따라서 세제지원을 받기 위해서는 원칙적으로 '관할 세무서 등록일, 관할 지자체 등록일, 실제 임대개시일' 중 늦은 날이 된다. 이러한 관점에서 보면 등록은 되었으나 실제 임대가 늦게 된 경우에는 후자를 기준으로 기준시가 요건을 따지게 된다.

2) 지역별 차등적용

수도권 내는 6억 원, 이외의 지역은 3억 원을 기준으로 한다. 참고로 건설임대주택은 수도권을 불문하고 전국적으로 6억 원 기준을 사용한다.

3) 적용 사례

사례를 통해 앞의 내용을 확인해보자.

〈자료〉
· 2018년 8월 분양권 상태에서 등록(수도권)
· 2019년 11월 분양주택 완성 후 임대개시
· 2019년 11월 기준시가 없음.
· 2020년 5월 31일 기준시가 7억 원

Q1. 이 경우 중과배제를 위한 기준시가는 얼마인가?

2019년 11월에 완성이 되어 임대개시가 되었으므로 이날의 기준시가가 필요하다. 그런데 이때 기준시가가 없다.

Q2. 기준시가가 없는 경우 어떤 방법으로 이를 파악해야 하는가?

이에 대해 세법은 신축된 공동주택의 공동주택가격이 공시되기 전 등 기준시가가 고시되지 않은 경우에는 납세지 관할 세무서장이 인근 유사주택의 공동주택가격을 고려해 소령 제164조 제11항의 규정에서 정하는 방법에 따라 평가한, 즉 '공시가격이 없는 주택의 가격평가신청서(248페이지 서식 참조)'를 주소지 관할 세무서에 접수해 통지받은 가격으로 장기임대주택의 기준시가 요건을 판단하도록 하고 있다.

※ 양도, 서면-2017-법령해석재산-3499 [법령해석과-2148], 2018. 7. 30
소득세법 제99조 제1항 제1호 라목에 따른 부동산 가격공시에 관한 법률에 의한 공동주택가격이 없는 경우에는 납세지 관할 세무서장이 인근 유사주택의 공동주택가격을 고려하여 소령 제164조 제11항의 규정에서 정하는 방법에 따라 평가한 가액으로 하는 것임.

Q³. 만일 임대개시일 현재 기준시가가 6억 원을 초과하면 어떻게 되는가?

이 경우에는 원칙적으로 종부세와 소득세 등 국세와 관련된 세제 지원이 적용되지 않는다. 다만, 기준시가 요건[52]을 적용받지 않는 조특법상 장기보유특별공제 특례 정도는 받을 수 있다.

Q⁴. 등록 시 기준시가 요건을 위배한 임대주택이 자동말소되었다. 이 경우 중과배제를 받을 수 있는가?

아니다. 이는 등록 때부터 중과세가 적용되는 주택이었으므로 자동말소가 되든, 자진말소를 하든 무조건 중과세가 적용된다. 혼동하지 않기 바란다.

2. 2018년 4월 1일 이후에 단기로 등록한 주택들

2018년 4월 1일(시행일 2018년 7월 17일) 이후에 등록한 장기임대주택들은 '8년 장기'를 선택한 주임사들을 대상으로 중과배제하는 식으로 법이 개정되었다. 소령 제167조의3 제1항 제2호 마목을 보면 다음과 같다.

> 마. 민특법 제2조 제3호에 따른 민간매입임대주택 중 같은 조 제5호에 따른 장기일반민간임대주택으로 8년 이상 임대하는 주택으로서 해당 주택 및 이에 부수되는 토지의 기준시가의 합계액이 해당 주택의 임대개시일 당시 6억 원(수도권 밖의 지역인 경우에는 3억 원)을 초과하지 아니하는 주택(2018. 7. 16. 개정)

---

52) 단, 2018년 9월 14일 이후에 취득한 경우에는 기준시가 요건이 있다. 제7장에서 살펴본다.

따라서 이날 이후에 등록한 주택들을 단기로 임대등록 시 중과세
가 적용된다. 사례를 통해 이 부분을 이해해보자.

<자료>
· A주택 : 2018년 3월 31일 단기등록(기준시가 요건 등 충족)
· B주택 : 2018년 4월 1일 단기등록(기준시가 요건 등 충족)
· C주택 : 거주주택(비과세 1회에 해당)

Q¹. A주택을 자동말소 후 양도했다. 중과배제 여부는?

2018년 4월 1일 전은 장단기불문하고 기준시가 요건 등을 충족
하면 중과배제한다.

Q². B주택을 자동말소 후 양도했다. 중과배제 여부는?

자동말소되었지만 중과배제가 적용되지 않는다. 등록 당시에 단
기를 선택했기 때문이다.

Q³. B주택을 2018년 4월 2일에 장기로 변경했다. 이 주택이 자동말소되거나 자진말소를 하면 중과배제되는가?

2018년 4월 1일 이후에 등록한 경우 장기로 변경하면 중과배제
를 받을 수 있다(종부세 합산배제도 마찬가지임).

☞ 참고로 2018년 4월 1일 이후에 단기에서 장기로 변경을 한 경
우도 많았는데, 이는 주로 조특법에서 규정하고 있는 장기보
유특별공제 70%를 받기 위해서였다(제7장 참조).

Q⁴. C주택을 양도하면 비과세를 받을 수 있는가?

그렇다. 거주주택 비과세는 소령 제155조 제20항에 따라 별도로 적용되기 때문이다.

Q⁵. B주택이 중과대상 주택임에도 불구하고 C주택에 대한 비과세가 성립하는 이유는?

소령 제155조 제20항은 소령 제167조의3에 규정된 등록시기를 불문하고 기준시가 요건 등을 갖추는 것으로 족하기 때문이다.

3. 2018년 9월 14일 이후 조정대상지역에서 취득한 주택들

2018년 9월 14일 이후에 1주택 이상 보유한 상태에서 조정대상 지역에서 주택을 취득해 등록하면 중과배제를 적용하지 않는다. 이에 대한 내용은 개정 전 소령 제167조의3 제1항 제2호 마목에 다음과 같이 규정되었다.

> 다만, 1세대가 국내에 1주택 이상을 보유한 상태에서 새로이 취득한 조정대상지역에 있는 민특법 제2조 제5호에 따른 장기일반민간임대주택*은 제외한다(2018. 10. 23. 단서신설).
> * 조정대상지역의 공고가 있은 날 이전에 주택(주택을 취득할 수 있는 권리를 포함한다)을 취득하거나 주택을 취득하기 위하여 매매계약을 체결하고 계약금을 지급한 사실이 증빙서류에 의하여 확인되는 경우는 제외한다.

이 규정은 2018년 9·13대책으로 들어온 제도로 앞에 해당하는 주택은 중과배제 혜택을 주지 않겠다는 것을 의미한다. 사례를 통해 이 부분을 확인해보자.

Q¹. A주택을 1/2 이상 임대한 상태에서 자진말소하고 양도하면 중과 배제를 받을 수 있는가?

받을 수 있다. 2018년 9월 13일 이전 취득분에 해당하기 때문이다.

Q². B주택을 1/2 이상 임대한 상태에서 자진말소하고 양도하면 중과 배제를 받을 수 있는가?

받을 수 있다. 2018년 9월 13일 이전 계약분은 경과규정에 의해 중과배제를 적용하기 때문이다.

Q³. C주택을 1/2 이상 임대한 상태에서 자진말소하고 양도하면 중과 배제를 받을 수 있는가?

받을 수 없다. 2018년 9월 14일 이후 조정대상지역 내 취득분에 해당하기 때문이다.

Q⁴. D거주주택을 양도하면 비과세를 받을 수 있는가?

받을 수 있다. 이는 소령 제167조의3에 따른 중과배제가 되는지의 여부를 불구하고 기준시가 등의 요건을 충족하면 소령 제155조 제

20항에 따른 요건을 적용해 비과세 적용 여부를 판단하기 때문이다.

☞ 참고로 법인의 경우 앞의 규정을 적용받지 않고, 2020년 6·17
대책에 따라 다음과 같이 추가법인세와 종부세를 적용한다.

· 2018년 6월 18일 이후 조정대상지역 내의 주택을 임대등록 시
추가법인세 및 종부세 과세(개인과는 달리 법인은 취득 시기를 불
문하고 세제혜택을 박탈함. 단, 매입임대주택에 한함)

Tip 중과배제되는 장기임대주택의 요건

앞에서 보았듯이 중과배제되는 장기임대주택의 요건이 복잡하다. 표로 이를 요
약해보자.

구분	2018. 3. 31 이전 등록	2018. 4. 1~ 2020. 7. 10(8. 17) 등록	2020. 8. 18 이후 등록
등록가능 주택	모든 주택	좌동	아파트 외 주택
임대유형	장단기 불문 ※ 단기에서 장기로 변경해도 중과배제	장기(8년) ※ 단기에서 장기로 변경해도 중과배제	장기(10년) ※ 단기에서 장기로 변경 금지
임대의무기간	5년 이상	8년 이상	10년 이상
기준시가	6억(3억) 원 이하 (건설임대 6억 원)	좌동	좌동
규모 요건	건설임대 : 149㎡ 이하	좌동	좌동
주택 수 요건	매입임대 1호 (건설임대 2호)	좌동	좌동
임대료 증액제한	2019년 2월 12일 이후 계약분부터 적용		
무조건 중과세	–	2018년 9월 14일 이후 조정지역 취득분 (건설임대 제외)	

【상속세 및 증여세 사무처리규정 별지 제1호 서식】(2021.10.12 개정)

공시가격이 없는 주택의 가격평가 신청서			처리기간	
			접수일로부터 30일	
신 청 인	① 성 명		② 생 년 월 일	
	③ 주 소		(전화번호 :)	
	④ 소 유 자 와 관 계			
평 가 대 상 주 택	⑤ 소 재 지 및 지 번			
	⑥ 공 부 상 대 지 의 지 목		⑦ 대 지 의 면 적	
	⑧ 건 물 구 조		⑨ 건 물 의 면 적	
	⑩ 건 물 실 제 용 도			
⑪ 신 청 사 유				

상속세 및 증여세법 제61조와 소득세법 제99조의 규정에 따라 공시가격이 없는 주택에 대하여 가격평가를 신청합니다.

년   월   일

신청인   (서명 또는 인)

세무서장 귀하

구비 서류 : 해당 토지의 양도·상속·증여 사실을 확인할 수 있는 서류	수 수 료
※ 개인정보보호법 제24조에 의한 수집·이용 동의 [신청인(본인)] ○ 수집·이용목적(대상자 여부 확인, 부동산 가격평가 등) ○ 수집대상 고유식별정보(주민등록번호, 외국인등록번호 등) ○ 보유·이용기간(5년) ☞ 상기내용에 대해 동의함 □, 동의하지 않음 □ ○ 동의를 거부할 권리가 있으며, 동의 거부에 따라 불이익(평가 불가 등)이 있을 수 있음	없 음

210㎜×297㎜(인쇄용지 70g/㎡)

양도세 중과세가 한시적으로 폐지되면 장기보유특별공제가 6~30% 등이 적용되고 세율은 6~45%가 적용된다. 따라서 중과세가 적용되는 주택들은 이 기회를 통해 양도하는 것이 좋을 수 있다. 그렇다면 임대사업자들은 어떤 식으로 이에 대처해야 할까? 상황별로 이에 대해 알아보자.

1. 자동말소의 경우

어차피 중과세는 적용되지 않으므로 중과세 폐지와 관련이 없다. 물론 자동말소가 된 주택들은 등록할 때 기준시가요건 등을 충족하고 있어야 한다.

2. 자진말소의 경우

1) 중과배제 요건을 갖춘 경우

중과배제 요건을 갖춘 자진말소의 경우 말소일로부터 1년 내 처분해야 중과배제를 적용받는다. 따라서 이 기한을 놓친 경우에는 중과세 폐지기간을 통해 이를 양도하면 중과를 피할 수 있다.

2) 중과배제 요건을 갖추지 못한 경우

2018년 4월 1일 이후에 단기로 임대등록을 하거나 2018년 9월 14일 이후 조정대상지역에서 취득한 주택들은 임대등록해도 중과세가 적용되므로 이러한 주택들은 이 기간을 통해 양도하면 중과세를 피할 수 있다.

Tip 중과세 한시적 폐지와 세제의 변화

구분	현행	예상
적용대상	· 주택 · 비사업용 토지	· 주택 (계속 적용)
양도세 세율	기본세율+20~30%p	기본세율
장기보유특별공제율	0%	6~30%(또는 0%) ※ 조특법상 임대주택은 50~70%
연 2회 이상 양도시	합산과세 적용	적용

요건 충족한
장기임대주택
	· 자동말소 : 처분기한 없이
	  중과세 면제
	· 자진말소 : 말소일로부터
	  1년 내 중과세 면제
		한시적 기간 내 양도 시
		중과세 면제

요건 미충족한 장기임대주택	중과세 적용	중과세 면제
부동산 매매사업자	비교과세 있음.	비교과세 면제(예상)
법인세 추가과세	20% 추가과세	계속 적용

중과세가 한시적으로 폐지되면 부동산 매매업에 대한 사업자등록이 많아질 것으로 보인다. 단기매매를 하더라도 6~45%가 적용되기 때문이다. 저자는 이러한 흐름에 맞춰 조만간 부동산 매매업에 대한 세무가이드 책을 출간할 예정에 있다.

제 **7** 장

임대주택의
장기보유특공제 특례와
양도소득세 100% 감면

01
조특법상
장기보유특별공제 특례제도

주택임대사업자들은 기본적으로 다주택자에 해당하기 때문에 대출 및 세제 등의 규제를 많이 받는 것이 현실이다. 그런데 세제 중 양도세는 수익률과 직결되는데, 중과세를 적용받으면 임대업의 실익이 급격히 줄어든다. 중과세가 적용되면 세율도 높아지지만 무엇보다도 장기보유특별공제가 적용되지 않기 때문이다. 하지만 중과세 세율이 적용되는 경우라도 조특법에 따라 장기보유특별공제를 적용받으면 중과세 효과를 상쇄시킬 수 있다. 이러한 관점에서 이 제도는 다주택자인 주택임대사업자들에게 매우 중요하다고 하는 것이다. 이하에서 이에 대해 알아보자.

1. 소득세법상 공제율

소득세법에서는 다음과 같이 기본공제율과 1주택자에 대한 특례공제율, 그리고 중과세 대상 주택에 대한 공제율을 정하고 있다.

1) 기본공제율

기본공제율은 3년 보유하면 6%, 4년부터는 2%씩 공제해 15년 이상 보유하면 최대 30%를 적용하는 것을 말한다.

2) 1주택자 공제율

고가주택을 1주택 상태에서 양도하면 전체 양도차익 중 일부는 비과세, 일부는 과세가 된다. 이때 과세되는 양도차익에서 다음과 같이 공제율을 적용한다.

구분	보유기간 요건	거주기간 요건	합계
2022년 (안)	10년 (연 4%)	10년 (연 4%)	80% (거주기간 요건 미충족 시 6~30%)

3) 중과세 주택 공제율

주택에 대해 중과세 세율이 적용되는 경우에는 소득세법에서는 장기보유특별공제를 적용하지 않는다.

2. 조특법상 공제율

조특법은 소득세 등 개별세법보다 우선 적용되는 세목에 해당한다. 따라서 앞의 소득세법과 달리 공제율을 적용할 수 있는데, 이하에서 살펴보자.

1) 단기임대주택

관할 지자체에 단기(4년)로 그리고 세무서에도 등록한 임대주택을 6년 이상 임대 시 6년 이후부터 기본공제율에 연간 2~10%씩을 추가한다(조특법 제97조의4).

구분	3년	5년	6년	7년	10년	15년
기본공제율	6%	10%	12%	14%	20%	30%
추가공제율	0%	0%	2%	4%	10%	10%
계	6%	10%	14%	18%	30%	40%

이 추가공제 규정은 2018년 3월 31일 이전 등록주택에 대해서만 적용한다. 그 당시 장기등록을 유도하기 위한 조치에 의해 연장을 불허한 탓이 크다.[53]

2) 장기일반민간임대주택

이는 관할 지자체에 장기(8년)로, 그리고 세무서에도 등록한 임대주택을 말한다. 이러한 장기임대주택에 대한 장기보유특별공제 특례제도는 매우 중요하므로 규정을 통해 이를 분석해보자(조특법 제97조의3).

우선 해당 규정을 살펴보면 다음과 같다.

---

53) 조특법 제97조의4에서 규정하고 있는 단기임대사업자에 대한 10%추가공제제도는 임대료 5% 상한규정을 적용하지 않고 있다. 확인하기 바란다.

① 대통령령으로 정하는 거주자가 2020년 12월 31일(민특법 제2조 제2호에 따른 민간건설임대주택의 경우에는 2022년 12월 31일)까지 민특법 제2조 제5호에 따른 장기일반민간임대주택을 등록[54]하여 다음 각 호의 요건을 모두 갖춘 경우 그 주택(장기일반민간임대주택 등)을 양도하는 경우에 대통령령으로 정하는 바에 따라 임대기간 중 발생하는 소득에 대해서는 소득세법 제95조 제1항에 따른 장기보유특별공제액을 계산할 때 같은 조 제2항에도 불구하고 100분의 50의 공제율을 적용한다. 다만, 장기일반민간임대주택 등을 10년 이상 계속하여 임대한 후 양도하는 경우에는 100분의 70의 공제율을 적용한다(2020. 12. 29 개정).

1. 8년 이상 계속하여 임대한 후 양도하는 경우(2014. 12. 23 개정)
2. 대통령령으로 정하는 임대보증금 또는 임대료 증액 제한 요건 등을 준수하는 경우(2014. 1. 1 신설)

② 제1항에 따른 과세특례는 제97조의4에 따른 장기임대주택에 대한 양도세의 과세특례와 중복하여 적용하지 아니한다(2018. 12. 24 신설).

이 규정의 핵심 내용을 정리해보자. 구체적인 사례 등은 별도로 살펴본다.

첫째, 이 규정은 거주자만 적용된다.

둘째, 2020년 12월 31일까지 등록한 주택에 대해서만 인정한다. 단, 건설임대주택은 2022년 12월 31일까지 등록한 주택에 대해 인정한다(국회에서 매년 연장할 가능성이 높다).

---

54) 2020년 7월 11일 이후 장기일반민간임대주택으로 등록 신청한 경우로서 아파트를 임대하는 민간매입임대주택이나 민특법(법률 제17482호로 개정되기 전의 것을 말한다) 제2조 제6호에 따른 단기민간임대주택을 2020년 7월 11일 이후 같은 법 제5조 제3항에 따라 장기일반민간임대주택으로 변경 신고한 주택은 제외한다. 이는 2020년 7·10대책에 따른 결과에 해당한다.

셋째, 등록은 장기(8년, 10년)임대로 해야 한다(단, 2020년 7월 10일 이전에 단기에서 장기로 변경은 인정).

넷째, 이외 다음의 요건을 충족해야 한다.
· 8년 이상(또는 10년 이상) 계속해서 임대한 후 양도할 것
· 대통령령으로 정하는 임대보증금 또는 임대료 증액 제한 요건 등을 준수할 것*

> * 앞에서 대통령령에서 정하고 있는 요건은 다음과 같다.
> 1. 임대보증금 또는 임대료의 증가율이 100분의 5를 초과하지 않을 것. 이 경우 임대료 등 증액 청구는 임대차계약 또는 약정한 임대료 등의 증액이 있은 후 1년 이내에는 하지 못하고, 임대사업자가 임대료 등의 증액을 청구하면서 임대보증금과 월 임대료를 상호 간에 전환하는 경우에는 민특법 제44조 제4항에 따라 정한 기준을 준용한다(2020. 2. 11 개정).
> 2. 주택법 제2조 제6호에 따른 국민주택 규모 이하의 주택(해당 주택이 다가구주택일 경우에는 가구당 전용면적을 기준으로 한다)일 것
> 3. 장기일반민간임대주택 등의 임대개시일부터 8년 이상 임대할 것
> 4. 장기일반민간임대주택 등 및 이에 부수되는 토지의 기준시가의 합계액이 해당 주택의 임대개시일 당시 6억 원(수도권 밖의 지역인 경우에는 3억 원)을 초과하지 아니할 것(2018년 9월 14일 이후의 취득분에 한함)

이상의 요건을 갖춘 경우에는 다음과 같이 장기보유특별공제를 적용한다(단, 임대기간 중 발생한 소득에 대해 공제함).

구분	8~10년 미만	10년 이상
공제율	50%	70%
공제대상 소득	임대기간 중 발생한 소득	좌동
적용시한	2020년 말 이전 등록분 (건설임대는 2022년 말)	좌동

참고로 이 규정에 의한 주택임대기간의 계산은 다음에 의한다.

· 주택임대기간의 기산일은 주택의 임대를 개시한 날로 할 것
· 상속인이 상속으로 인하여 피상속인의 임대주택을 취득하여 임대하는 경우에는 피상속인의 주택임대기간을 상속인의 주택임대기간에 합산할 것
· 앞의 규정을 적용함에 있어서 기획재정부령이 정하는 기간(기존 임차인의 퇴거일부터 다음 임차인의 입주일까지의 기간으로서 3월 이내의 기간을 말한다)은 이를 주택임대기간에 산입한다. 따라서 이 기간을 벗어나면 이를 뺀 나머지 실제 임대기간을 가지고 임대기간을 정한다.

Tip 장기임대주택 장기보유특별공제 특례 요건 요약

구분	내용
규모 기준	국민주택 규모 이하
등록 요건	기한 제한 없이 언제든지 민특법에 따라 등록
임대의무기간	8년 이상 계속해서 장기임대주택으로 등록하고, 그 기간 동안 임대한 기간을 통산해 8년 이상인 경우 계속해서 임대한 것으로 간주[55]
기준시가	2018년 9월 14일 이후 취득분 6억 원·3억 원 이하
임대료 증액 제한	5%
특례 내용	장기보유특별공제율 50~70% 적용
감면 시한	2020년 12월 31일(건설임대주택은 2022년 12월 31일) 등록분까지만 적용
감면분 농특세	없음(양도세 100% 감면은 있음).

☞ 조특법상 특례와 감면제도는 국민주택규모 이하와 기준시가 요건(2018년 9월 14일 이후 취득분)을 동시에 충족해야 한다. 이에 반해 소득세법 같은 국세법은 기준시가 요건만을 두고 있다. 따라서 적용되는 세법에 따라 요건이 일부 상이함을 확인하기 바란다.

조특법상의
장기보유특별공제 특례와 쟁점

조특법 제97조의3에서 규정하고 있는 장기일반임대주택에 대한 장기보유특별공제 특례는 앞에서 살펴본 거주주택 비과세와 양도세 중과배제 등에 비해 세무상 쟁점이 그렇게 많지 않다. 이 규정에서 제시하고 있는 요건만 충족하면 특례가 적용되기 때문이다. 다만, 최근 자동말소제도가 도입됨에 따라 아파트 임대유형에 대해서는 이에 대한 특례의 범위가 단축된다. 이하에서 이 규정과 관련된 세무상 쟁점을 정리해보자.

---

55) 조특법상 장기보유특별공제 특례를 적용받기 위해 단기임대에서 장기임대로 변경해도 문제가 없다. 다만, 승계되는 단기임대기간은 최대 4~5년 정도가 된다. 이에 대해서는 별도로 살펴본다.

1. 특례대상과 적용 시한

1) 특례대상

이 공제는 8년 장기임대를 한 경우로서 매입임대주택과 건설임대주택에 대해 적용된다.

2) 적용 시한

매입임대주택은 2020년 12월 31일까지 등록을 한 주택에 대해 건설임대주택은 2022년 12월 31일까지 등록한 주택에 대해 적용된다. 후자의 경우 감면시한이 연장될 가능성이 높다.

2. 특례적용을 위한 임대의무기간

1) 원칙적인 임대의무기간

조특령 제97조의3 제2항에서는 이 규정을 적용받기 위해서는 장기일반민간임대주택으로 각각 10년 또는 8년 이상 계속해서 등록하고, 그 등록한 기간 동안 통산해서 각각 10년 또는 8년 이상 임대한 경우로 한다고 하고 있다. 따라서 기본적으로 이 규정을 적용받기 위해서는 장기로 등록해야 한다. 그리고 실제 임대한 기간을 기준으로 8년 이상을 임대해야 한다(단, 3개월 미만의 기간은 이 임대기간에 포함함).

2) 단기에서 장기로 변경 시의 임대의무기간

조특령 제97조의3 제4항 후단에서는 민특법 제5조 제3항에 따라 같은 법 제2조 제6호의 단기민간임대주택을 장기일반민간임대주택 등으로 변경 신고한 경우에는 같은 법 시행령 제34조 제1항 제3호에 따른 시점*부터 임대를 개시한 것으로 보고 있다.

* 변경 신고의 수리일. 다만, 변경 신고 이후 임대가 개시되는 주택은 임대차계약서상의 실제 임대개시일로 한다.

☞ 이 규정에 의한 특례제도에서는 처음부터 장기를 선택한 경우와 단기로 선택했지만 장기로 변경한 경우를 인정한다. 다만, 2020년 7월 11일 이후는 세법에서 이를 인정하지 않는다 (2020년 7·10대책). 참고로 단기에서 장기로 전환 시 단기임대 중의 승계기간에 대해서는 아래에서 별도로 살펴보자.

> ※ **사전법령해석재산2019-305(2019. 10. 31)**
> (구)민특법에 따른 매입임대주택으로 등록하여 임대차계약에 따라 임대하다 민특법에 따른 장기일반민간임대주택으로 변경 등록한 경우 조특법 제97조의3 제1항 제2호에 따른 임대료증액 제한 기준이 되는 임대차계약은 장기일반민간임대주택으로 등록 당시 존속 중인 표준임대차계약임.

3) 자동말소가 된 경우

조특령 제97조의3 제2항 제2호에서는 장기일반민간임대주택 중 아파트의 8년 임대의무기간이 경과하면 해당 주택은 8년 동안 등록 및 임대한 것으로 본다.

> 2. 종전의 민특법(법률 제17482호 민특법 일부개정법률로 개정되기 전의 것을 말한다) 제2조 제5호에 따른 장기일반민간임대주택 중 아파트를 임대하는 민간매입임대주택이 민특법 제6조 제5항에 따라 등록이 말소되는 경우 : 해당 주택은 8년 동안 등록 및 임대한 것으로 본다(2020. 10. 7 신설).

이 규정은 핵심적인 내용에 해당하므로 조금 더 정리해보자.

- 장기일반민간임대주택 중 자동말소 대상은 아파트에 해당한다. 따라서 다세대주택, 다가구주택, 단독주택, 주거용 오피스텔, 도시형 생활주택 등은 자동말소가 되지 않는다.
- 이 규정을 적용할 때에는 자진말소는 해당 사항이 없다.
- 자동말소가 되면 8년 동안 등록 및 임대한 것으로 간주되기 때문에 말소 후에는 임대료 5% 상한준수 및 공실 등의 요건은 중요하지 않다.

Q¹. **조특법 제97조의3의 규정을 적용함에 있어 아파트가 자동말소되었다고 하자. 이 경우 말소된 이후의 임대기간 동안에도 임대료 5% 상한률을 충족해야 할까?**

이에 대해서는 8년간 의무를 다하면 50%의 공제율을 적용받을 수 있어 5%률을 충족하지 않더라도 문제가 없다. 다음 예규를 참조하기 바란다.

※ **서면법령해석재산2020-3286(2021. 5. 11)**
장기일반민간임대주택 중 아파트를 임대하는 민간매입임대주택이 자동말소되는 경우 해당 주택은 8년 동안 등록 및 임대한 것으로 보아 조특법 제97조의3 제1항 본문에 따른 과세특례를 적용하며, 같은 항 단서(10년 70%)는 적용하지 않는 것임.

Q². **8년 자동말소가 이후에 공실이 발생하면 장기보유특별공제 특례를 받을 수 없는가?**

아니다. 이에 대해서는 정해진 바가 없다. 참고로 8년 중 공실이 발생한 경우에도 문제가 없다. 다음 예규를 참조하기 바란다(자동말소 시 8년 동안 등록 및 임대 간주).

귀 서면질의의 사실관계와 같이 민특법(2020. 8. 18 법률 제17482호로 개정되기 전의 것) 제2조 제6호에 따른 단기민간임대주택을 2020년 7월 11일 전에 장기일반민간임대주택(아파트를 임대하는 민간매입임대주택)으로 변경 신고한 후 임대의무기간이 종료하여 같은 법(2020. 8. 18 법률 제17482호로 개정된 것) 제6조 제5항에 따라 등록이 자동말소되는 경우에는 3개월을 초과하여 공실이 발생한 경우에도 조특법 제97조의3에 따른 과세특례 적용이 가능한 것임.

Q³. 8년 자동말소 후 2년 더 임대하면 70%를 받을 수 없는가?

아파트가 자동말소되면 해당 주택은 8년 동안 등록 및 임대한 것으로 보기 때문에 50%만 받을 수 있다.

4. 특례적용 소득의 계산

이 규정에 의한 과세특례는 임대기간 중 발생한 소득에 대해서 50%나 70%의 세율이 적용된다. 이에 대한 계산방법에 대해 조특령 제97조의3 제5항에서 다음과 같이 규정하고 있다.

⑤ 소득세법 제95조 제1항에 따른 장기보유 특별공제액을 계산할 때 법 제97조의3 제1항 본문에 따른 100분의 50의 공제율 또는 같은 항 단서에 따른 100분의 70의 공제율을 적용할 때에는 임대기간 중에 발생한 양도차익에 한정하여 적용하며, 임대기간 중 양도차익은 기준시가를 기준으로 산정한다(2021. 2. 17 신설).

사례를 통해 앞의 내용을 확인해보자.

<자료>
장기로 등록한 임대주택 현황
· 취득일 : 2000년 1월 1일(기준시가 2억 원)
· 임대의무개시일 : 2015년 1월 1일(기준시가 4억 원)
· 자동말소일 : 2023년 1월 1일(기준시가 6억 원)
· 양도일 : 2024년 1월 1일(기준시가 7억 원)
· 전체 양도차익 : 10억 원

Q¹. 이 주택을 양도하면 장기보유특별공제는 몇 %를 받을 수 있는가?

8년 임대했으므로 50%다.

Q². 앞의 주택이 아파트에 해당하는 경우 8년 자동말소가 된다. 이후에도 이를 계속 임대하더라도 70%를 적용받지 못하는가?

그렇다. 8년 자동말소가 되면 이 규정에서는 8년 등록 및 임대한 것으로 보기 때문이다.

Q³. 만일 앞의 주택이 다세대주택이라면 70% 적용이 가능하는가?

그렇다. 10년 임대하는 경우에 그렇다.

Q⁴. 앞의 물음 3의 경우 실제 임대를 12년을 하고 임대업을 종료했다. 이 경우 특례 적용 소득의 범위는 어떻게 적용하는가?

이에 대해서는 임대기간 중 발생한 양도차익에 대해 적용한다. 구체적인 계산은 다음 예규에 따라 진행해야 할 것으로 보인다.

사전답변신청의 사실관계와 같이, 주택의 보유기간 중 임대를 개시하여 조특법 제97의3에 따른 특례를 적용하는 경우 장기일반민간임대주택 등의 장기보유특별공제액은 소득세법 제95조 제1항에 따른 양도차익 중에서 조특령 제97조의5 제2항을 준용하여 계산한 임대기간 중에 발생한 양도차익에 조특법 제97의3에 따른 공제율(50% 또는 70%)을 곱하여 계산한 금액과 그 외 나머지 양도차익에 소득세법 제95조 제2항 및 제4항에 따른 자산의 보유기간별 공제율을 곱하여 계산한 금액을 합하여 산정하는 것임.

☞ 이의 계산을 위해서는 조특령 제97조의5 제2항을 준용해야 하는데 이는 다음을 말한다.

② 법 제97조의5 제1항을 적용할 때 임대기간 중 발생한 양도소득은 다음 계산식에 따라 계산한 금액으로 한다. 이 경우 새로운 기준시가가 고시되기 전에 취득 또는 양도하거나 제1항에 따른 임대기간의 마지막 날이 도래하는 경우에는 직전의 기준시가를 적용하여 계산한다(2015. 2. 3 신설).

$$\text{소득세법 제95조제1항에 따른 양도소득금액} \times \frac{\text{제1항에 따른 임대기간의 마지막 날의 기준시가}^{*1} - \text{취득 당시 기준시가}^{*2}}{\text{양도 당시 기준시가} - \text{취득 당시 기준시가}}$$

*1 8년 또는 10년이 되는 날을 말하는 것으로 보인다. 따라서 계속 임대한 경우 전체 양도차익에 대해 특례가 적용되지 않는다.

*2 임대기간 중 발생소득이 되어야 하므로 관할 지자체 및 세무서 등록일과 임대개시일 중 늦은 날 현재의 기준시가를 기준으로 하면 될 것으로 보인다(단, 자동말소는 민특법에 따름).

Q^5. 앞의 경우 임대기간 중 발생한 양도차익은 어떻게 계산한가?

당초 이 법안이 나올 때에는 전체 양도차익에 대해 50%(5억 원)를 적용했지만, 최근 법이 개정되어 전체 보유기간 중에서 임대한 기간(8년) 동안에 발생한 양도차익에 대해서만 감면이 적용되는 것으로 판단된다. 앞의 식에 따라 계산하면 다음과 같다.

$$\cdot\, \text{전체 양도차익} \times \frac{\text{말소일 기준시가} - \text{임대개시일 기준시가}^{56)}}{\text{양도일 기준시가} - \text{취득일 기준시가}}$$

$$= 10억\ 원 \times \frac{6억\ 원 - 4억\ 원}{7억\ 원 - 2억\ 원} = 4억\ 원$$

Q^6. 이 경우 장기보유특별공제액은 얼마인가?

· 50% 특례 : 4억 원 × 50% = 2억 원

· 일반공제율 : 6억 원 × 30%* = 1.8억 원

  * 15년 × 2% = 30%(총 24년 - 8년 = 16년)

계 : 3.8억 원

Tip 장기보유특별공제 특례와 임대의무기간 산정방법 및 공제율

구분	임대의무기간	공제율
자동말소의 경우	민특법상 임대의무기간 (지자체 등록일과 임대개시일 중 늦은 날)	8년 50%(그 외 기간은 6~30%)
자동말소 외의 경우	세법상 임대의무기간 (위+세무서 등록일 중 늦은 날)	8년 50% 또는 10년 70% (그 외 기간은 6~30%)

---

56) 실제 임대개시일이 아닌 취득일 기준시가로 안분기준을 삼으면 특례적용 소득이 크게 나오는 효과가 발생한다.

단기에서 장기로 변경한 임대주택에 대한 장기보유특별공제 특례

2020년 7월 10일 이전에는 단기로 임대하고 있는 임대주택을 장기로 전환하는 경우가 많았다. 앞에서 본 장기보유특별공제 특례를 받을 수 있었기 때문이다. 그런데 이 경우 단기임대에서 임대한 기간을 얼마나 승계받을 수 있는지가 궁금할 수 있다. 이하에서 이를 중심으로 관련 내용을 알아보자.

1. 단기임대에서 장기임대로 전환 시 실익

1) 장점

무엇보다는 조특법 제97조의3에 따라 장기임대주택에 주어지는 장기보유특별공제를 50~70%까지 받을 수 있다는 점이 큰 장점이 된다. 50%는 8년, 70%는 10년 이상 임대 시의 공제율에 해당한다.

예를 들어 양도차익이 2억 원인 경우 장기보유특별공제율이 30%, 50%, 70%에 따라 세금이 어떤 식으로 변하는지 분석해보자.

구분	장기보유특별공제 적용 효과		
	단기임대(5년)	장기임대(8년)	장기임대(10년)
	30% 공제	50% 공제	70% 공제
양도차익	2억 원	2억 원	2억 원
- 장기보유특별공제	6,000만 원	1억 원	1억 4,000만 원
= 과세표준	1억 4,000만 원	1억 원	6,000만 원
× 세율	35%	35%	24%
- 누진공제	1,490만 원	1,490만 원	522만 원
= 산출세액	3,410만 원	2,010만 원	918만 원

단기임대의 경우 산출세액이 3,410만 원이 나왔지만, 장기임대의 경우 918만 원 등으로 대폭 감소가 되었다. 물론 양도차익이 더 많아지면 이러한 차이는 더 커지게 될 것이다.

이러한 이유로 2020년 7월 10일까지 전환이 이루어졌다.

2) 단점

앞과 같이 장기로의 전환이 있었다고 하더라도 다음과 같은 주택들은 여전히 종부세 과세와 양도세 중과세를 적용받는다. 따라서 이러한 점은 단점에 속한다고 할 수 있다.

· 2018년 9월 14일 이후 조정대상지역에서 취득한 주택들

2. 단기임대 시의 임대기간 승계방법

단기에서 장기로의 임대전환 시 단기에서 임대한 기간을 어떤 식으로 승계받을 것인지에 대해서는 조특령 제97조의3 제4항을 참조해야 한다.

1) 개정 전

개정 전 조특령 제97조의3 제4항에서는 5년의 범위 내에서 단기임대주택으로 임대한 기간의 50%에 해당하는 기간을 장기일반임대주택의 임대기간에 포함하도록 했다. 따라서 단기임대의 임대기간이 5년이라면, 이의 50%인 2년 6개월이 승계되므로 장기일반임대주택으로 전환 후에 나머지 임대기간을 채워야 세제혜택을 누릴수 있다. 만일 단기임대기간이 10년을 넘어가는 경우에는 최대 5년만을 인정하므로 장기일반임대주택으로 전환한 이후 5년을 추가로 임대해야 한다.

2) 개정 후

2019년 2월 12일 이후에 단기임대주택을 장기일반임대주택으로 전환한 경우에는 임대의무기간을 다음과 같이 정하도록 하고 있다.

> 민특법 제5조 제3항에 따라 같은 법 제2조 제6호의 단기민간임대주택을 장기일반민간임대주택 등으로 변경 신고한 경우에는 같은 법 시행령 제34조 제1항 제3호에 따른 시점부터 임대를 개시한 것으로 본다(2019. 2. 12 후단개정).

즉 이후에는 민특법 시행령 제34조를 따라야 하는데, 이때 제3호의 임대의무기간의 개시일은 다음과 같다.

· 단기임대주택의 임대의무기간(4년) 종료 전에 변경 신고한 경우 : 단기임대사업자 등록일(실제 임대개시일)
· 단기임대주택의 임대의무기간(4년)이 종료된 이후 변경 신고한 경우 : 변경 신고의 수리일부터 해당 단기민간임대주택의 임대의무기간(4년)을 역산한 날(즉 4년만 승계됨)

3) 적용 사례
사례를 들어 앞의 내용을 확인해보자.

〈자료〉
· A주택 : 2018년 1월 5일 단기임대 등록
· B주택 : 2018년 4월 5일 단기임대 등록

Q1. A주택을 2020년 4월에 단기에서 장기로 전환 시의 종부세, 양도세 중과세, 조특법상 특례 등이 적용되는가?

이 주택은 부동산 대책과 관계가 없어 특별한 규제가 없다. 따라서 다음과 같은 혜택을 받을 수 있다.

- 종부세 합산과세 적용배제(변경과 무관)
- 양도세 중과적용배제(변경과 무관)
- 조특법상 장기보유특별공제 특례 적용

Q². B주택을 2020년 4월에 단기에서 장기로 전환 시의 종부세, 양도세 중과세, 조특법상 특례 등이 적용되는가?

이 주택은 정부의 부동산 대책의 영향을 받는다. 예를 들어 2018년 4월 1일 이후에 등록하면 8년 장기임대로 등록해야 양도세 중과배제 등을 적용받는다(2017. 12. 13 임대등록 활성화 방안에 따라 세제가 변동함). 따라서 이러한 상황에서는 단기에서 장기로 변경해야 다음과 같은 혜택을 받을 수 있다.

- 종부세 합산과세 적용배제
- 양도세 중과적용배제
- 조특법상 장기보유특별공제 특례 적용 가능

Q³. 앞의 B주택이 아파트라면 언제 자동말소되는가?

단기에서 2년 정도 임대했으니 이후 6년 정도 임대하면 자동말소될 것으로 보인다.

※ 저자 주

단기에서 장기로의 변경은 2020년 7월 10일 이전까지 가능했던바, 이때 세법은 단기임대기간의 승계에 대해 대부분 앞에서 본 민특법 제34조를 준용하고 있다.

04
조특법상
장기일반임대주택과
양도세 100% 감면

 박근혜 정부에서 선보인 장기임대주택에 대한 양도세 100% 감면제도는 주로 강남권에서 크게 성행했다. 기준시가가 6억 원을 넘더라도 10년 이상만 임대하면 양도세를 전액 감면받을 수 있었기 때문이다. 하지만 현재는 이 제도가 더 이상 적용되지 않는다. 2018년 12월 31일까지 취득(계약기준)한 것만 인정하기 때문이다. 이하에서 이 제도를 분석해보자.

1. 양도세 100% 감면규정

 조특법 제97조의5에서 다음과 같이 100% 감면을 규정하고 있다.

① 거주자가 다음 각 호의 요건을 모두 갖춘 민특법 제2조 제5호에 따른 장기일반민간임대주택을 양도하는 경우에는 대통령령으로 정하는 바에 따라 임대기간 중 발생한 양도소득에 대한 양도세의 100분의 100에 상당하는 세액을 감면한다(2018. 1. 16 개정).

1. 2018년 12월 31일까지 민특법 제2조 제3호의 민간매입임대주택을 취득(2018년 12월 31일까지 매매계약을 체결하고 계약금을 납부한 경우를 포함한다)하고, 취득일로부터 3개월 이내에 민특법에 따라 장기임대주택으로 등록할 것(2018. 1. 16 개정)

2. 장기임대주택으로 등록 후 10년 이상 계속하여 장기임대주택으로 임대한 후 양도할 것(2018. 1. 16 개정)

3. 임대기간 중 제97조의3 제1항 제2호의 요건을 준수할 것(2014. 12. 23 신설)

앞의 규정을 분석해보자.

첫째, 거주자에게만 적용한다.

둘째, 장기임대로 등록해야 한다(단기에서 장기로의 변경은 인정하지 않는다).

셋째, 임대기간 중 발생한 양도세에 대해서만 감면한다.[57]

넷째, 2018년 12월 31일 취득해야 하는 한편, 취득일로부터 3개

---

57) 법 제97조의5 제1항을 적용할 때 임대기간 중 발생한 양도소득은 다음 계산식에 따라 계산한 금액으로 한다. 이 경우 새로운 기준시가가 고시되기 전에 취득 또는 양도하거나 제1항에 따른 임대기간의 마지막 날이 도래하는 경우에는 직전의 기준시가를 적용해 계산한다(2015. 2. 3 신설).

소득세법 제95조제1항에 따른 × 양도소득금액	제1항에 따른 임대기간의 마지막 날의 기준시가 − 취득 당시 기준시가
	양도 당시 기준시가 − 취득 당시 기준시가

월 내에 등록해야 한다. 이때 2018년 12월 31일까지 매매계약을 체결하고 계약금을 납부한 경우를 포함한다.

다섯째, 등록 후 10년 이상 계속해 장기임대주택으로 임대한 후에 양도해야 한다.

여섯째, 제97조의3 제1항 제2호의 요건*을 준수해야 한다.

* 제97조의3 제1항 제2호의 요건은 다음과 같다.
  · 임대보증금 또는 임대료의 연 증가율이 100분의 5를 초과하지 아니할 것
  · 국민주택규모 이하의 주택(해당 주택이 다가구주택일 경우에는 가구당 전용면적을 기준으로 한다)일 것
  · 장기임대주택의 임대개시일부터 8년 이상 임대할 것
  · 장기임대주택의 기준시가가 해당 주택의 임대개시일 당시 6억 원(수도권 밖의 지역인 경우에는 3억 원)을 초과하지 아니할 것

2. 임대주택에 대한 임대기간의 계산 등

앞의 규정을 적용할 때 임대주택에 대한 임대기간의 계산과 그 밖에 필요한 사항은 대통령령(조특령 제97조의5)에서 정하고 있다. 이를 정리해보자.

① 장기일반민간임대주택으로 임대한 경우는 장기임대주택으로 10년 이상 계속하여 등록하고, 그 등록한 기간 동안 계속하여 10년 이상 임대한 경우로 한다.

② 이 경우 다음 각 호의 경우에는 해당 기간 동안 계속하여 임대한 것으로 본다.
· 기존 임차인의 퇴거일부터 다음 임차인의 주민등록을 이전하

는 날까지의 기간으로서 6개월 이내의 기간

· 협의매수 또는 수용되어 임대할 수 없는 경우의 해당 기간

· 도시 및 주거환경정비법에 따른 재개발사업·재건축사업, 빈집 및 소규모주택 정비에 관한 특례법에 따른 소규모주택정비사업 또는 주택법에 따른 리모델링의 사유로 임대할 수 없는 경우에는 해당 주택의 관리처분계획인가일(소규모주택정비사업의 경우에는 사업시행계획인가일, 리모델링의 경우에는 허가일 또는 사업계획승인일을 말한다) 전 6개월부터 준공일 후 6개월까지의 기간(2020. 2. 11 개정)

3. 자동말소와 양도세 100% 감면

최근 자동말소제도가 도입되어 아파트 임대의 경우 양도세 100% 감면 적용 여부가 쟁점이 된다. 이에 대해 과세당국은 다음과 같은 예규를 발표해 이에 대해서는 감면을 적용하지 않는다.

> ※ 법령해석재산 2021-2824(2021. 12. 20)
>
> [제목]
> 자동말소된 아파트 장기일반민간임대주택 양도 시 조특법 제97조의 5에 따른 양도세 감면 적용 여부
>
> [요약]
> 장기일반민간임대주택 중 아파트를 임대하는 민간매입임대주택이 민특법 제6조 제5항에 따라 등록이 말소되는 경우에는 조특법 제97조의5 규정을 적용받을 수 없는 것임.

Tip 장기임대주택 양도세 100% 감면 요건

구분	내용
규모 기준	전용면적 85㎡ 이하(단, 다가구주택인 경우 가구당 전용면적 기준)
등록 요건	2018년 12월 31일까지 민특법 제2조 제3호의 민간매입임대주택 및 공공주택 특별법 제2조 제1호의3에 따른 공공매입임대주택의 매입임대주택을 취득하고, 취득일로부터 3개월 이내에 민특법에 따라 장기임대주택으로 등록할 것
임대의무기간	10년 이상 계속해서 장기임대주택으로 임대한 후 양도할 것[58]
가액기준	6억 원·3억 원 이하일 것(단, 2018년 9월 14일 이후 취득분)
임대료 인상률	연 5% 임대료 인상률 제한(신규·갱신 시 포함)
특례 내용	양도세의 100분의 100에 상당하는 세액을 감면
감면시한	2018. 12. 31 이전 취득분에 한함.
감면분 농특세	감면세액의 20%

참고로 이 규정에 의한 감면은 임대의무기간 '10년' 내에 임대료 상한 등의 요건을 갖추면 감면을 적용한다. 다음 예규를 참조하기 바란다.

> ※ 기획재정부재산 −493, 2019. 4. 9
>
> [질의]
> 조특법 제97조의5에 따른 요건을 갖추어 10년 이상 임대한 후 양도 시 해당 요건을 갖추지 못한 경우 임대기간에 대한 양도세 감면 적용 여부
> 〈제1안〉 양도세 감면 적용 대상에 해당함.
> 〈제2안〉 양도세 감면 적용 대상에 해당하지 않음.
> [회신] 제1안이 타당함.

---

58) 이 규정에 의한 감면을 받으려면 장기임대로만 임대해야 한다.

단기임대에서 장기임대 변경에 따른 양도세 관련 쟁점을 종합해 정리하면 다음과 같다.

1. 거주주택 비과세

장단기 불문하고 임대의무기간이 5년 이상이면 거주주택 비과세를 받을 수 있다. 따라서 이 경우 장단기 변경은 별다른 영향이 없다.

2. 양도세 중과세 적용배제

- 2018년 3월 31일 이전 등록분을 장기로 전환하더라도 중과배제에 영향을 주지 않는다. 이때는 단기임대의 경우에도 중과배제를 받을 수 있기 때문이다.
- 2018년 4월 1일 이후 등록분은 장기로 전환해야 중과배제를 받을 수 있다(종부세는 합산배제). 따라서 전환의 실익이 있다.

> 2018년 4월 1일 이후에는 양도세 중과배제 및 종부세 합산배제 혜택을 받기 위해서는 8년 임대주택(준공공임대주택)으로 8년 이상 임대해야 함.

- 2018년 9월 14일 이후 조정대상지역 내에서 취득한 주택은 장기등록해도 무조건 중과세를 적용한다(종부세는 합산배제 불가). 따라서 이 경우는 장단기 변경과 관련이 없다.
- 2020년 7월 11일부터 8월 17일까지 법 시행 공백기를 틈타 장기로 전환한 주택들도 중과세를 적용한다(민특법은 2020년 8월 18일 시행, 세제중단은 2020년 7월 11일 시행). 따라서 이 경우에도 전환의 실익이 없다.
- 2020년 8월 18일 이후에는 장기로의 전환은 100% 불가능하다. 따라서 이날 이후에는 더 이상 임대유형의 변경에 따른 쟁점들이 발생하지 않는다.

3. 조특법상 장기보유특별공제 특례와 감면

조특법상 장기보유특별공제는 최대 50~70% 가능하고, 2018년 12월 31일 이전 등록분은 양도세 100% 감면을 허용한다.

1) 장기보유특별공제 특례

- 2020년 7월 10일 이전 : 단기를 장기로 변경 시 단기임대 중 승계받은 임대기간과 변경 이후의 임대기간을 합산해 8년 이상이면 임대의무기간을 충족한 것으로 본다. 따라서 이 경우 장기보유특별공제는 최대 70%까지 적용되므로 장기로 변경하는 것은 실익이 있다(단, 이와는 별도로 종부세 과세와 양도세 중과세가 적용될 수 있다).
- 2020년 7월 11일~2020년 8월 17일 : 장기로의 변경은 가능하나 세제지원은 받을 수 없다. 따라서 장기로 변경하는 것은 실익이 없다.
- 2020년 8월 18일 이후 : 단기에서 장기로의 전환은 불가능하다.

2) 양도세 100% 감면

2018년 12월 31일 이전까지 등록분까지 적용되는 제도로 이 경우 당초 등록시점부터 장기로만 등록을 했어야 한다. 따라서 이 경우 장단기 변경은 의미 없다.

장기임대주택을 민특법상 상속이나 증여, 그리고 포괄양수로 승계받을 수 있다. 한편 장기임대주택을 포괄방식이 아닌 방법으로 매수할 수도 있다. 그런데 이 경우 세제지원을 받기 위해 임대기간 등을 사업양수자가 그대로 승계받을 수 있는지가 쟁점이 된다. 이하에서 이에 대해 분석해보자.

1. 민특법상 임대기간의 승계 여부

민특법 제43조 제2항에서는 관할 지자체에 신고한 후에 '다른 임대사업자'에게 포괄적으로 양도할 수 있도록 하고 있다.

> ① 임대사업자는 임대사업자 등록일 등 대통령령으로 정하는 시점부터 제2조 제4호 또는 제5호의 규정에 따른 기간(이하 '임대의무기간'이라 한다) 동안 민간임대주택을 계속 임대하여야 하며, 그 기간이 지나지 아니하면 이를 양도할 수 없다.
> ② 제1항에도 불구하고 임대사업자는 임대의무기간 동안에도 국토교통부령으로 정하는 바에 따라 시장·군수·구청장에게 신고한 후 민간임대주택을 다른 임대사업자에게 양도할 수 있다. 이 경우 양도받는 자는 양도하는 자의 임대사업자로서의 지위를 포괄적으로 승계하며, 이러한 뜻을 양수도계약서에 명시하여야 한다.

앞의 내용을 조금 더 보면 다음과 같다.

첫째, 원칙적으로 민특법에서 정해진 임대의무기간 내에는 양도할 수 없도록 하고 있다. 이때 임대의무기간은 10년(종전은 4년, 8년)이다.

둘째, 다만, 예외적으로 앞의 임대의무기간 내라도 사전에 신고하고, 다른 임대사업자에게 사업 자체를 포괄양도할 수 있도록 하고 있다.

이러한 뜻은 양수도계약서에 명시해야 한다.

셋째, 앞과 같이 신고가 된 경우에는 임대사업자의 지위가 포괄적으로 승계된다. 이는 민특법상의 권리와 의무가 사업양수자에게 그대로 이전되는 것을 의미한다. 따라서 포괄양수인은 양도인의 잔여임대기간만 채우면 이 법에 의한 의무를 다하게 된다.

☞ 민특법상 포괄승계의 범위에는 상속과 증여를 포함한다.

2. 세법상 임대기간의 승계 여부
세법은 민특법에서 정하고 있는 포괄승계와는 별도로 세목별로 세제지원 요건을 별도로 두고 있다. 그런데 이때 민특법상 포괄양수도로 사업자의 지위를 승계한 경우라도 세법은 이를 '새로운 취득'으로 보아 이날을 기준으로 등록 및 기준시가요건을 갖춰야 하고, 임대의무기간이 시작되는 것을 원칙으로 한다. 다만, 상속은 예외적으로 피상속인의 임대의무기간을 인정한다.

1) 상속
상속은 부득이한 상황이 되므로 피상속인의 임대기간이 그대로 승계된다.

구분	근거조항	임대기간 통산 내용
종부세 합산배제	종부령 제3조	※ 종부령 제3조 제7항 2호 2. 상속으로 인하여 피상속인의 합산배제 임대주택을 취득하여 계속 임대하는 경우에는 당해 피상속인의 임대기간을 상속인의 임대기간에 합산한다.
거주주택 비과세	소령 제155조 제20항	피상속인의 임대기간을 상속인의 임대기간에 통산한다는 조항이 없으나, 이 규정은 주택 임대 중에 적용되므로 세법상 문제는 없어 보인다.
양도세 중과배제	소령 제167조의3, 제167조의10	※ '조특령' 제97조 제5항 제3호 준용 3. 상속인이 상속으로 인하여 피상속인의 임대주택을 취득하여 임대하는 경우에는 피상속인의 주택임대기간을 상속인의 주택임대기간에 합산한다.
장특공 특례	조특법 제97조의3	
양도소득세 100% 감면	조특법 제97조의5	

2) 상속 외

상속 외 증여나 포괄양수 또는 일반매수 등은 앞의 상속과는 달리 종전 주임사의 임대기간 등을 승계하는 규정이 없다. 다만, 포괄양수의 경우 민특법상 자동말소와 자진말소가 되면 세제가 어떤 식으로 적용되는지 궁금할 수 있다. 이에 대해 세법은 민특법상의 임대의무기간을 기준으로 자동말소 등이 되면 이를 인정하므로 포괄승계 후 자동말소 등이 되더라도 다음과 같은 혜택을 누릴 수 있을 것으로 보인다.

· 종부세 합산배제(단, 2018년 9월 14일 이후 조정지역 취득분은 제외)
· 거주주택 비과세
· 양도세 중과배제(단, 2018년 9월 14일 이후 조정지역 취득분은 제외)
· 기타 조특법상 장기보유특별공제 특례는 적용불가

Tip 상속 등에 따른 세제지원을 위한 임대기간 승계여부

구분	민특법상 임대기간 승계	세제지원을 위한 임대기간 승계여부				
		종부세 합산배제	거주주택 비과세	양도세 중과배제	조특법 장특공 특례	조특법 양도세 감면
상속	승계○	승계○	승계○	승계○	승계○	승계○
증여	승계○	승계×	승계×	승계×	승계×	승계×
포괄양수	승계○	승계×	승계×	승계×	승계×	승계×
일반매수	승계×	승계×	승계×	승계×	승계×	승계×

☞ 장기임대주택을 별도 세대원에게 증여하면 증여자의 세제혜택 내용이 사라지고 수증자는 증여세와 취득세를 부담해야 한다. 따라서 증여 전에 반드시 실익분석을 하는 것이 좋을 것으로 보인다. 참고로 조특법에 따른 장기보유특별공제 특례나 양도세 100% 감면이 되는 임대주택을 증여하면 수증자에게 감면내용이 승계되지 않을 수 있음에 유의해야 한다.

장기임대주택을 자녀 등에게 증여하는 경우 세제가 어떤 식으로 변화하는지 이 부분이 궁금할 수 있다. 양도가 아닌 증여를 선택하는 예도 있을 수 있기 때문이다. 그런데 이때 한 가지 고려할 것은 장기임대주택이 임대의무기간 내에서 임대 중인 경우에는 포괄승계, 즉 그 사업을 그대로 이어받을 수 있으나, 자동말소나 자진말소를 거친 경우라면 더는 임대사업자가 아니므로 일반주택을 증여하거나 증여받게 된다는 것이다. 이러한 점에 착안해 이하의 내용들을 살펴보자.

1. 포괄승계에 해당하는 경우

민특법 제43조 제2항에서는 임대주택을 포괄적으로 양도하면 임대사업자의 권리와 의무가 그대로 사업양수자에게 이전되는데, 여기에 상속이나 증여를 포함한다. 따라서 이 법에 따라 증여 등을 하면 잔여 임대기간 동안 민특법에서 요구하는 각종 의무를 충실히 이행해야 한다. 예를 들어 임대료 5% 이내 증액 제한 준수 등이 이에 해당한다. 그렇다면 이러한 포괄승계에 따라 세법은 어떻게 변화할까? 증여자와 수증자의 관점에서 이를 살펴보자.

1) 증여자

장기임대주택을 포괄적으로 증여한 자에게는 다음과 같은 세제의 변화가 뒤따른다.

· 종부세가 줄어든다.
· 양도세는 발생하지 않는다. 증여는 양도가 아니기 때문이다. 다만, 부담부 증여로 증여 시에는 양도세가 발생할 수 있다.
· 본인의 거주주택에 대한 양도세 비과세는 다른 임대주택이 있는 상태에서 양도해야 적용받을 수 있다. 마지막 임대주택을 증여한 후 거주주택 양도 시에는 2년 보유기간이 리셋됨에 유의해야 한다.

· 조특법상 장기보유특별공제 특례와 양도세 100% 감면은 받을 수 없다. 이는 양도가 아니기 때문이다.

2) 수증자

장기임대주택을 증여받은 자(수증자)의 경우에도 다양한 세제의 변화가 뒤따른다. 수증자가 별도세대원인 경우와 동일세대원인 경우로 나눠보자.

① 별도세대원인 경우

자녀 등이 별도세대원 상태에서 임대업을 포괄적으로 증여받으면 다음과 같이 세제가 변화한다.

· 취득세(3.5~12%)를 부담해야 한다.
· 증여세를 부담해야 한다.
· 종부세 합산배제와 양도세 중과배제를 받을 수 있다. 다만, 2018년 9월 14일 이후 조정대상지역 내의 증여분은 종부세 합산배제와 양도세 중과배제를 받을 수 없다(2018년 9·13조치).
· 거주주택 비과세는 임대주택을 보유하고 있다면 가능하다.
· 조특법상 장기보유특별공제는 수증자가 임대한 기간을 기준으로 한다(증여도 세법상 '취득'에 해당하므로 증여자의 임대기간이 승계되지 않음).
· 조특법상 양도세 100% 감면은 불가하다(취득일로부터 3개월 내에 등록해야 함. 2018년 12월 31일 종료됨).

② 동일세대원인 경우

배우자 등이 동일세대원 상태에서 임대업을 포괄적으로 증여받으면 다음과 같이 세제가 변화한다.

· 취득세(3.5~12%)를 부담해야 한다.

- 증여세를 부담해야 한다.
- 종부세 합산배제와 양도세 중과배제를 받을 수 있다. 이때 별도세 대원과는 달리 2018년 9월 14일 이후 조정대상지역 내의 증여분은 종부세 합산배제와 양도세 중과배제를 받을 수 있을 것으로 판단된다. 1세대를 중심으로 임대기간요건을 판단하는 것이 타당하기 때문이다(저자 의견으로 유권 해석을 통해 확인 요망).
- 거주주택 비과세는 임대주택을 보유하고 있다면 가능하다.
- 조특법상 장기보유특별공제는 수증자가 임대한 기간을 기준으로 적용한다(조특법상의 감면제도는 요건을 갖춘 '거주자'에 대해 적용하는 것이 원칙이다. 저자 의견).
- 조특법상 감면은 불가하다(취득일로부터 3개월 내에 등록해야 함. 2018년 12월 31일 종료됨).

2. 자동말소나 자진말소된 주택을 증여하는 경우

자동말소나 자진말소된 주택은 그 속성이 일반주택에 해당한다. 따라서 수증자의 경우 앞에서 본 포괄증여와는 다른 세제의 변화가 발생한다. 이를 정리하면 다음과 같다.

1) 증여자
앞의 1의 1)과 같다.

2) 수증자
① 별도세대원인 경우
- 취득세(3.5~12%)를 부담해야 한다.
- 증여세를 부담해야 한다.
- 종부세가 과세된다.
- 양도세는 수증인의 주택 수에 따라 비과세부터 중과세가 나올 수 있다.
- 조특법상 장기보유특별공제는 수증자가 받을 수 없다(수증자가 임

대사업자가 아니므로).

② 동일세대원인 경우
· 취득세(3.5~12%)를 부담해야 한다.
· 증여세를 부담해야 한다.
· 종부세가 과세된다.
· 양도세 비과세나 과세판단 시 '1세대'를 중심으로 주택 수를 합산한다. 따라서 양도세 관점에서는 증여 전과 후의 과세판단은 변하지 않을 것으로 판단된다(저자 의견).
· 조특법상 장기보유특별공제는 받을 수 없다(수증자가 임대사업자가 아니므로).

3. 결론

앞에서 보았듯이 장기임대주택을 임대의무기간 내에나 후에 증여하면 다양한 세금관계가 형성됨을 알았다. 그런데 가장 큰 문제는 장기임대주택을 증여하면 본인에게 주어졌던 다양한 세제혜택이 소멸하고 그 대신 수증자는 증여세와 취득세를 부담할 수밖에 없다는 것이다. 따라서 장기임대주택을 증여하기 전에 이러한 점을 충분히 고려해 증여 관련 의사결정을 해야 할 것으로 보인다.

제 **8** 장

주택임대사업자의
재건축에 따른
양도소득세 쟁점

01 주임사와 재건축에 따른 쟁점들

주택임대사업자가 거주하고 있는 주택이나 임대하고 있는 주택이 재건축이나 재개발 또는 소규모재건축, 리모델링 등에 들어간 경우가 있다. 이러한 상황이 발생하면 주택임대사업자들의 세금관계에 영향을 미치게 된다. 이하에서는 주임사가 보유한 주택이 재건축 등에 들어간 경우 이에 대한 세무상 쟁점을 정리해보자.

1. 재건축 등과 민특법

등록한 임대주택이 재건축 등으로 멸실된 경우의 민특법은 어떻게 이를 취급하는지 정리해보자.

1) 재건축 등으로 멸실된 임대주택

재건축이나 재개발 등으로 임대주택이 멸실되면 민특법상 등록이 자동으로 말소된다. 이러한 말소유형은 민특법상 임대의무기간의 경과에 따른 자동말소와는 다르다.

한편 재건축 등으로 완성된 주택에 대해서는 새로운 주택으로 보아 등록해야 한다.

☞ 민특법상 재건축 전과 후는 전혀 다른 주택으로 취급하고 있다.

2) 아파트 등록 불허

2020년 8월 18일 이후부터 아파트는 등록이 불가능하므로 재건축 등에 의해 완공된 임대주택은 더 이상 등록할 수 없다.

2. 임대주택의 재건축 등과 세법

임대주택이 재건축 등에 들어가면 등록이 자동말소된다. 그런데 이러한 말소유형은 임대의무기간의 경과에 따른 자동말소나 자진말소에 해당하지 않으므로 말소 전까지는 세제지원을 하지만, 말소 후에는 세제지원을 하지 않는다. 이 점을 감안해 다음 내용을 살펴보기 바란다.

1) 임대주택이 재건축 등으로 말소되기 전

- 종부세 합산배제를 받을 수 있다.

- 거주주택 비과세를 받을 수 있다.
- 자동말소 시 처분기한 없이 중과세배제를 받을 수 있다.
- 자진말소(1/2 이상 임대) 후 1년 내 양도 시 중과배제를 받을 수 있다.

2) 임대주택이 재건축 등으로 인해 말소된 후

- 종부세 합산배제를 받을 수 없다.
- 거주주택 비과세를 받을 수 없다.[59]
- 재건축 등으로 직권말소된 이후 입주권을 양도하면 일반과세, 완공된 아파트를 양도하면 중과세가 적용될 수 있다.
- 재건축 등으로 8년이 되기 전에 등록이 말소되면 조특법상 장기보유특별공제 특례와 양도세 100% 감면은 받을 수 없다.

☞ 이처럼 임대주택이 재건축 등에 의해 직권말소되면 멸실되기 이전에 이미 받은 세제혜택은 인정받을 수 있지만, 그 이후에 발생하는 세제들에 대해서는 세제지원을 받을 수 없다는 점에 유의해야 한다. 현행 세법이 민특법상 임대의무기간에 따른 자동말소와 자진말소에 대해서만 말소 이후의 기간에 대해 세제혜택을 부여하고 있기 때문이다.

---

59) 거주주택은 임대 중에 적용되는 제도에 해당한다. 따라서 장기임대주택이 멸실되어 등록말소된 경우에는 비과세를 적용할 여지가 없다. 이에 반해 자동말소나 자진말소의 경우 장기임대주택이 존속하기 때문에 재건축 등에 따른 자동말소와는 다르게 세법을 적용하고 있다.

3. 거주주택이 멸실된 경우

앞과는 다르게 거주주택이 재건축 등에 들어가는 경우가 있다. 이에 대해 과세당국은 양도 당시 실제 주택이 아닌 입주권에 대해서는 비과세를 적용해주지 않고 있다.

☞ 임대주택이나 거주주택이 입주권으로 변한 상태에서 소령 제155조 제20항에 따른 거주주택 비과세를 받기가 힘든 것이 현실이다. 이 문제는 매우 중요하므로 아래에서 별도로 분석해보자.

Tip 임대주택의 자동말소·자진말소·직권(재건축)말소와 양도세

구분	자동말소	자진말소	직권말소
거주주택 비과세	적용	적용	· 말소 전 : 적용 · 말소 후 : 미적용
양도세 중과배제 (종부세 합산배제)	적용	적용(1년)	· 말소 전 : 적용 · 말소 후 : 미적용
조특법 장특공 특례	적용(50%)	미적용	미적용

02 임대주택 또는 거주주택의 입주권과 거주주택 비과세

장기임대주택이 임대 중에 재건축 등이 되면 등록이 자동으로 말소된다. 그리고 재건축 등에 의해 아파트로 완성된 경우에도 2020년 8월 18일 이후부터 더 이상 임대등록이 되지 않는다. 한편 거주주택이 재건축 등에 의해 입주권이 되는 경우가 있다. 이러한 상황에서 거주주택에 대한 비과세는 어떻게 적용할까?

1. 장기임대주택이 재건축 등으로 멸실되거나 멸실 예정인 경우

1) 장기임대주택이 입주권이 된 상태에서 거주주택을 양도하는 경우

이 경우 재건축으로 들어간 임대주택은 등록이 말소되었고, 앞으로 더 이상 임대등록할 수 없게 된다. 따라서 이 경우에는 입주권과 1거주주택을 보유하게 되는 셈이 된다. 그렇다면 이 경우 1거주주택을 양도하면 소령 제155조 제20항에 따라 비과세가 적용될까?

이에 대해 과세당국은 1거주주택 양도일 현재에 임대주택이 없으므로 소령 제155조 제20항에 따른 거주주택 비과세를 받을 수 없다고 한다. 거주주택 비과세제도는 '양도일 현재' 관할 세무서와 관할 지자체에 등록이 되어 있음을 전제로 혜택을 부여하는 제도이고, 재건축 등이 된 경우 등록이 말소되었기에 '입주권+거주주택'으로 바뀌어 소령 제155조 제20항에 따른 적용대상이 아닌 것으로 본다는 것이다. 다음 예규를 참조하기 바란다.

※ 기획재정부재산-928(2021. 10. 27)

[제목]

재건축사업으로 2020년 8월 18일 전 멸실된 임대주택의 특례 적용 여부

[요약]

임대주택이 재개발, 재건축사업 등으로 2020년 8월 18일 전 멸실된 후 새로 취득한 주택이 아파트로 민특법에 따른 임대사업자 등록할 수 없는 경우에는 당초의 임대주택이었던 아파트 외의 1주택은 소령 제155조 제20항이 적용되지 않는 것임.

예를 들어 재개발사업, 재건축사업 등으로 임대 중이던 당초의 임대주택이 멸실되어 새로 취득한 후 2020년 8월 18일 이후 임대사업자등록을 할 수 없는 경우 당초의 임대주택이었던 아파트 외의 1주택(거주주택)에 대해서는 소령 제155조 제20항이 적용되지 않는다는 것이다. 이러한 해석은 2020년 7·10대책에 따라 등록제도가 대폭 바뀐 것에 따른 것이라고 할 수 있다.

☞ 임대의무기간의 경과에 의한 자동말소나 자진말소의 경우에는 임대의무기간을 충족한 것으로 보나, 재건축에 의한 직권 말소의 경우는 이와는 다른 성격이므로 이미 세제지원을 받은 경우에만 임대의무기간을 충족하는 것으로 보는 차이가 있다. 구체적인 내용들은 전문세무사를 통해 확인하는 것이 좋을 것으로 보인다.

· 자동말소 이후 : 거주주택 비과세 적용
· 자진말소 이후 : 거주주택 비과세 적용
· 직권말소 이후 : 거주주택 비과세 불허

Q. 입주권과 1거주주택이 있는 경우 어떻게 해야 주택에 대해 비과세를 받을 수 있을까?

소령 제154조 제1항·제5항, 소령 제156조의2(입주권 비과세특례 등)의 규정에 따라 이를 적용받아야 할 것으로 보인다. 이 과정에서 입주권이 과세되었다면 2년 더 보유한 후에 거주주택을 양도해야 할 것으로 보인다(최종 1주택 보유기간 계산법 적용).

2) 재건축 아파트가 완공된 상태에서 거주주택을 양도하는 경우

이 경우에는 재건축 아파트가 민특법상 임대주택이 아니므로 일반주택에 해당한다. 따라서 이 주택과 그 밖의 주택 수에 따라 중과세가 적용될 수 있다.

사례를 통해 이에 대한 내용을 알아보자.

<자료>
- A주택 : 재건축에 의해 말소된 임대주택이 완공됨.
- B주택 : 거주주택
- 모두 조정대상지역에 해당함.

Q¹. 이 상황에서 B주택을 양도하면 비과세를 받을 수 있는가?

아니다. 2020년 8월 18일 이후에 재건축 아파트는 더 이상 임대등록할 수 없다. 따라서 이 경우 일반주택 2채를 보유한 결과가 된다.

Q². A주택이 완공된 날로부터 B주택을 일시적 2주택으로 양도하면 비과세가 적용되는가?

A주택이 재건축으로 완공된 주택의 취득일은 재건축 전에 취득한 날이다. 따라서 이 경우 일시적 2주택 비과세가 성립되지 않는다.

Q³. 만약 둘 중 한 채를 양도하고 남은 한 채를 양도하면 비과세를 적용받을 수 있는가?

남은 주택이 1세대 1주택에 해당하고 비과세 요건을 갖춘 경우라면 비과세를 받을 수 있다. 이때 주의할 것은 '최종 1주택'에 대한 2년 보유기간 및 거주기간이 다시 기산된다는 것이다.

3) 재건축 전에 임대주택이 자동말소되거나 자진말소를 하는 경우

① 자동말소

재건축 등에 들어가기 전에 임대의무기간의 경과로 자동말소가 된 경우에 말소일로부터 5년 내 거주주택을 양도하면 비과세를 받을 수 있다. 단, 거주주택 양도일 현재, 임대주택이 멸실된 상태라면 비과세가 되지 않을 수 있다.

② 자진말소

재건축 등에 들어가기 전에 임대의무기간의 1/2 이상 경과한 상태에서 자진말소를 하고 말소일로부터 5년 이내에 거주주택을 양도하면 비과세를 받을 수 있다(단, 임대주택이 멸실된 상태는 주의).

> ### ※ 양도, 사전-2021-법령해석재산-1755, 2021. 12. 23.
> 거주주택(A)을 먼저 양도하고 1세대 1주택 비과세를 받은 경우로서, 이후 민특법 제43조에 따른 임대의무기간의 2분의 1 이상을 임대한 장기임대주택(C)에 대하여 임대의무기간 내 등록말소 신청으로 등록이 말소되는 경우, 그 등록이 말소된 날에 장기임대주택(C)의 해당 임대기간 요건을 갖춘 것으로 보는 것임.

☞ 이상의 내용을 보면 재건축 등이 예정된 경우 거주주택 비과세는 재건축 등이 들어가기 전에 양도하는 것이 좋을 것으로 보인다.

구분	자동말소	자진말소	재건축직권말소
말소 전 거주주택 비과세	가능	가능	가능
말소 후 거주주택 비과세	가능	가능	불가능

2. 거주주택이 멸실된 경우

장기임대주택 외 거주주택은 2년 이상 거주하면 비과세를 받을 수 있다. 그런데 이때 거주주택이 재건축 등에 의해 소멸되어 입주권이 된 경우 이에 대해 비과세가 적용되는지의 여부가 쟁점이 될 수 있다.

이에 대해 현재 과세당국과 심판례 등은 입주권에 대해서는 비과세를 적용하지 않는다는 입장이다. 다음 내용을 참조하기 바란다.

> **※ 서울행정법원-2019-구단-72031 [생산일자] 2020. 8. 25**
>
> 입주권 비과세특례규정에서는 장기임대주택을 주택 수 계산에서 제외하는 명시적인 규정을 두고 있지 않고, 거주주택 비과세특례규정은 장기임대주택과 거주주택을 보유하다가 거주주택을 양도하는 경우만을 규정할 뿐 거주주택이 조합원입주권으로 전환된 후 조합원입주권을 양도하는 경우에 대하여는 명시적으로 규정하고 있지 아니한 바, 단순히 주택에 대해서만 규정된 임대주택 비과세특례규정을 조합원입주권에 유추하여 적용하거나 입주권 비과세특례규정의 주택의 범위에 '조합원입주권과 장기임대주택을 보유하는 경우의 장기임대주택'을 제외하는 것은 주택과 조합원입주권에 관한 세제를 달리하고자 하였던 입법자의 의도, 구 소득세법 제155조 제20항의 입법 취지 및 조세법률주의, 조세법규 엄격해석의 원칙에 반하며, 특혜규정인 임대주택 비과세특례를 확대하는 것으로서 조세공평의 원칙에도 부합하지 아니한다.

☞ 앞과 같은 판례상의 결정은 납세자의 관점에서 보면 대단히 불합리하다고 판단된다. 주택임대 중에 거주주택 양도는 비과

세를 적용하는 것과 같이 관리처분계획인가일 전에 주택으로 2년 이상 거주했다면 이에 대해서도 당연히 거주주택 비과세를 적용해주는 것이 타당하기 때문이다.

3. 장기임대주택과 재건축 대체주택 특례

1) 2020년 8월 17일 이전

2020년 8월 17일(세제지원은 7월 10일)까지는 재건축 등에 의해 완성된 아파트를 등록할 수 있었으므로 다음과 같은 식으로 사업시행 중에 대체주택을 취득한 경우 요건만 충족하면 이에 대해 비과세를 받을 수 있었다.

> 장기임대주택과 조합원입주권을 소유한 1세대가 대체주택(소령 제156조의2 제5항의 대체주택을 말함)을 양도하는 경우에는 같은 영 제155조 제19항(현 제20항) 및 같은 영 제156조의2 제5항의 요건을 모두 충족하는 경우에 한하여 1세대 1주택 특례를 적용받을 수 있는 것임[서면 부동산2018-3778(2019. 6. 11)].

2) 2018년 8월 18일 이후

이날 이후에는 더 이상 아파트에 대한 등록이 불가하므로 사업시행인가일 이후에 거주하고 있는 대체주택에 대해서는 비과세가 힘들 것으로 보인다. 단, 이는 주택임대사업자에 대해 적용되는 내용이며, 일반인들은 소령 제156조의5 규정에 따라 대체주택에 대한 비과세를 받을 수 있을 것으로 보인다(유권 해석 확인 요망).

03
임대주택의 재건축과 양도세 중과배제

장기임대주택이 임대 중에 재건축 등이 된 경우 등록이 자동으로 말소된다. 그리고 재건축 등으로 완성된 경우에도 더 이상 임대등록이 되지 않으므로 세제지원을 받을 수 없다. 이하에서는 장기임대주택이 재건축 등이 된 경우의 양도세 중과배제에 대해 알아보자.

1. 입주권 상태에서 양도하는 경우

입주권은 주택에 대한 중과세제도를 적용하지 않는다. 입법적으로 중과를 적용하지 않도록 했기 때문이다.

2. 재건축 아파트가 완공되어 양도하는 경우

이 경우에는 민특법상 임대주택이 아니므로 일반주택에 해당한다. 따라서 이 주택과 그 밖의 주택 수에 따라 이에 대해서는 중과세가 적용될 수 있다.

사례를 통해 이에 대한 내용을 알아보자.

〈자료〉
· A주택 : 재건축에 의해 말소된 임대주택이 완공됨.
· B주택 : 거주주택
– 모두 조정대상지역에 해당함.

Q^1. 이 상황에서 B주택을 먼저 양도하면 중과세를 받을 수 있는가?

그렇다. 2020년 8월 18일 이후에 재건축 아파트는 더 이상 임대등록할 수 없다. 따라서 이 경우 일반주택 2채를 보유한 결과가 된다.

Q^2. A주택이 완공된 날로부터 B주택을 일시적 2주택으로 양도하면 비과세가 적용되는가?

아니다. A주택이 재건축으로 완공된 주택의 취득일은 재건축 전에 취득한 날이다. 따라서 이 경우 일반주택 2채를 보유한 것에 해당한다.

Q^3. 만약 둘 중 한 채를 과세로 양도하고 남은 한 채를 양도하면 비과세를 적용받을 수 있는가?

그렇다. 남은 주택은 1세대 1주택에 해당하고 비과세 요건을 갖춘 경우라면 비과세를 받을 수 있다. 이때 주의할 것은 '최종 1주택'에 대한 2년 보유기간 및 거주기간이 다시 기산된다는 것이다.

3. 재건축 전에 자동말소나 자진말소를 하는 경우

1) 자동말소
재건축 등에 들어가기 전에 임대의무기간의 경과로 자동말소가 된 경우에는 처분기한 없이 중과세를 적용하지 않는다.

2) 자진말소
재건축 등에 들어가기 전에 임대의무기간의 1/2 이상 경과 시 자진말소를 하고 말소일로부터 1년 이내에 양도 시 중과세를 적용하지 않는다.

Tip 조특법상 장기보유특별공제 특례와 양도세 감면

임대주택이 재건축 등으로 멸실된 경우 이후 완공되더라도 더 이상 임대등록할 수 없다(2020. 8. 18). 따라서 이 경우 임대의무기간 미달로 장기보유특별공제 특례와 양도세 100% 감면은 받을 수 없을 것으로 보인다.

민특법상의 말소제도에 따른 세제지원의 변화에 대해 총정리를 해보자. 특히 자동말소 등과 재건축 등에 의해 직권말소된 경우 어떤 차이가 있는지를 정리해보기 바란다.

1. 세제지원을 받을 수 있는 말소제도

세제지원을 받을 수 있는 제도에는 자동말소와 자진말소가 있다. 이외 임의나 직권말소는 원칙적으로 세제지원을 받을 수 없다.

1) 자동말소

2020년 8월 18일 민특법의 개정에 의해 시행되는 제도에 해당한다. 민특법 제6조 제5항에서는 임대의무기간(4년 단기임대, 8년 아파트임대[60])이 경과하면 무조건 등록이 말소된 것으로 한다.

2) 자진말소

역시 2020년 8월 18일 민특법의 개정에 의해 시행되는 제도에 해당한다. 민특법 제6조 제1항 제11호에서는 임차인의 동의를 얻으면 언제든지 자진말소를 신청할 수 있도록 하고 있다.

☞ 앞의 자동말소와 자진말소 중 세법상 세제지원을 갖추지 못한 경우에는 세제지원이 주어지지 않는다. 예를 들어 기준시가가 6억 원을 넘는 주택을 등록해 자동말소되거나 임대의무기간의 1/2 미달한 채 자진말소를 하면 세제지원이 없다(임의말소에 해당).

3) 직권말소

앞의 자동말소나 자진말소 외에 임대료 상한규정 등 민특법상 의무

---

60) 주택법 제2조 제20호의 도시형 생활주택이 아닌 것을 말한다.

위배, 재건축 등에 의해 말소가 되는 경우가 있다. 이를 직권말소라고 부르고 있다.

2. 자동 또는 자진말소와 세제지원
앞의 자동말소와 자진말소에 대해 다음과 같이 세제혜택을 부여한다.

구분	자동말소	자진말소
취득세	기감면분 추징하지 않음.	좌동
재산세, 종부세, 임대소득세	· 말소 전 : 기감면분 추징하지 않음. · 말소 후 : 과세함.	· 좌동 · 좌동
거주주택 비과세	· 말소 전 : 기비과세분 추징하지 않음. · 말소 후 : 비과세함(5년 내 처분).	· 좌동(단, 1/2 이상 임대) · 좌동(단, 1/2 이상 임대)
양도세 중과세	말소 후 언제든지 양도해도 중과배제	말소 후 1년 내 양도 시 중과배제(단, 1/2 이상 임대)
조특법상 과세특례	임대의무기간 8년 이상 충족 시만 과세특례	

3. 임의 또는 직권말소와 세제지원
임의말소와 직권말소에 대한 세제지원 내용은 다음과 같다.

구분	임의말소	직권말소
취득세	기감면분 추징함.	법령위반 등은 추징함(재건축 등 부득이한 경우는 예외).
재산세, 종부세, 임대소득세	· 말소 전 : 기감면분 추징함. · 말소 후 : 과세함.	· 좌동(재건축 등은 예외) · 좌동
거주주택 비과세	· 말소 전 : 기비과세분 추징함. · 말소 후 : 비과세 적용하지 않음.	· 좌동(단, 재건축 등은 예외) · 좌동
양도세 중과세	양도세 중과세 원칙	양도세 중과세 원칙 (입주권은 제외)
조특법상 과세특례	특례 적용하지 않음.	

제 **9** 장

건설임대주택의
양도소득세 절세 특집

01
민특법과 세법상
건설임대주택의 정의

　현행 민특법상 등록이 가능한 임대주택은 크게 매입임대주택과 건설임대주택이 있다. 전자는 기존의 주택을 구입하고, 후자는 신축해 임대업으로 등록하는 차이가 있다. 민특법에서는 이 둘을 차별하지 않고 등록의무 등을 두고 있다. 다만, 세법에서는 후자에 대해 세제지원을 확대해 시행하고 있다. 따라서 이 둘의 구분은 매우 중요하다고 할 수 있다.

1. 건설임대주택이란

1) 민특법상 건설임대주택
　민특법 제2조 제2호에서는 '건설임대주택'에 대해 다음과 같이 규정하고 있다.

> 2. '민간건설임대주택'이란 다음 각 목의 어느 하나에 해당하는 민간임대주택을 말한다.
> 가. 임대사업자가 임대를 목적으로 건설하여 임대하는 주택
> 나. 주택법 제4조에 따라 등록한 주택건설사업자가 같은 법 제15조에 따라 사업계획 승인을 받아 건설한 주택 중 사용검사 때까지 분양되지 아니하여 임대하는 주택

한편 민특법 제5조 제2항에서는 관할 지자체에 임대등록을 하는 경우 건설임대주택과 매입임대주택을 구분해 등록하도록 하고 있다. 따라서 주임사가 건설임대주택으로 인정받기 위해서는 관할 지자체에 등록하는 것이 중요하다. 일반적으로 건설임대주택으로 인정받기 위해서는 '소유권보존등기 전'까지 등록하는 것이 좋을 것으로 보인다.

> 청구인은 쟁점주택의 소유권보존등기일 이후에 민특법에 의한 임대사업자로 등록하였으므로 쟁점주택을 민특법에 의한 '건설임대주택'으로 보아야 한다는 주장이나, 위 국토해양부 예규에서는 민특법에 의한 '건설임대주택'을 소유권보존등기 '전'까지 임대사업자로 등록할 것을 요건으로 하고 있는 바, 이 요건을 충족하지 못한 쟁점주택은 민특법에 의한 '건설임대주택'에 해당하지 아니한다고 하겠다(조심 2008서1422, 2008. 8. 18).

2) 세법상 건설임대주택

세법상 건설임대주택인지, 아닌지에 대해 규정된 것은 없다. 등록은 민특법에 따르면 되기 때문이다. 따라서 앞서 본 것처럼 소유권보존등기 전까지 건설임대주택으로 등록하면 될 것으로 보인다.

2. 건설임대주택으로 등록이 가능한 주택

2020년 8월 18일 이후에는 건설임대주택은 10년 이상 장기로만 등록할 수 있다. 이 경우 모든 주택이 해당된다. 다음 표를 참고하기 바란다.

※ 민특법에 따른 유형별 임대주택

주택 구분		유형별 폐지·유지 여부	
		매입임대	건설임대
단기임대	단기민간임대주택(4년)	등록불가	등록불가
장기임대	장기일반민간임대주택(10년)	아파트 외 등록가능*	모든 주택 등록가능
	공공지원민간임대주택(10년)	모든 주택 등록가능	모든 주택 등록가능

* 매입임대주택 중 아파트는 절대 등록이 불가하다.

02
건설임대주택에 대한 세제지원

건설임대주택은 건설을 통해 임대주택을 공급하므로 매입임대주택과는 다르게 모든 세목에서 세제지원을 하고 있다. 특히 양도단계에서는 장기보유특별공제를 최대 70%까지 지원하는 등 파격적인 조치가 계속 이어지고 있다. 이하에서는 우선 2022년에 건설임대주택을 공급하는 경우 어떤 지원을 받을 수 있는지 개인과 법인을 비교해보고 구체적인 내용은 순차적으로 분석해보자.

1. 건설임대주택에 대한 세제지원

건설임대를 개인으로 할 것인지, 법인으로 할 것인지의 여부는 양도단계에서 극명하게 갈린다.

구분	개인	법인
취득세	・감면(신축공동주택, 오피스텔) 　− 전용면적 60~85m² 이하 : 50% 　− 전용면적 60m² 이하 : 100%	좌동
재산세	・감면(전용면적 85m² 이하) 　− (단기) 60~85m² 이하 25%, 60m² 이하 50% 　− (장기) 60~85m² 이하 50%, 40~60m² 75%, 　　40m² 이하 100% ※ 다가구주택도 감면 가능	좌동
종부세	・종부세 합산배제 　− 9억 원 이하	좌동
임대소득세/ 법인세	・경감 : (단기) 30%, (장기) 75% 등 ※ 2주택 이상 (단기) 20%, (장기) 50%	좌동
양도세/ 법인세	・사업자 본인 거주주택 양도세 비과세 ・양도세율 중과배제 ・장기보유특별공제율 특례적용(70% 가능)	・법인세 추가세율 　적용배제

- 양도소득에 대한 세금 : 개인이 유리하다. 법인은 양도소득에 대해 10~25%를 내야 하고, 잔여이익에 대해서는 배당소득세 등을 내야 하기 때문이다. 그러나 개인은 장기보유특별공제를 70%까지 받을 수 있고 배당소득세도 없다.
- 거주주택 비과세 : 법인이 유리하다. 개인은 거주주택 비과세가 1회만 주어지지만, 법인은 이와 무관하기 때문이다.

☞ 건설임대주택 양도에 대한 세금을 줄이고 싶다면 개인, 거주 주택 비과세를 제한 없이 받고 싶다면 법인이 좋을 것으로 보인다.

2. 건설임대주택에 대한 양도세 특례

건설임대주택에 대한 양도세 특례는 세 가지 정도가 된다.

1) 사업자 본인 거주주택 양도세 비과세

생애 1회에 한해 거주주택 비과세가 적용된다. 이 부분은 매입임대주택사업자와 같다.

2) 양도세율 중과배제

건설임대주택은 매입임대주택에 비해 요건을 완화(기준시가 6억 원 등)해 10년 이상 임대 시 중과배제한다.

· 2018년 3월 31일 이전 : 장단기 중 선택등록, 6억 원(수도권 불문) 이하, 5년 이상 임대, 5% 임대료 상한률 준수(2019년 2월 12일 이후)
· 2018년 4월 1일 이후 : 장기등록, 6억 원, 8년 이상, 5% 임대료 상한률 준수
· 2020년 8월 18일 이후 : 10년 장기등록, 기타 요건은 위와 같음.

☞ 건설임대주택은 2018년 9·13조치(조정대상지역 내 취득분 중과 적용)를 적용받지 않는다. 따라서 조정대상지역 내에서 건설해 임대하면 중과배제 등의 혜택은 계속 받을 수 있다.

3) 장기보유특별공제율 특례적용(70% 가능)

2022년 12월 31일까지 등록*한 건설임대주택을 10년 이상 임대 시 장기보유특별공제를 70%(8년 이상은 50%) 공제한다. 이 공제제 도는 매년 연장될 가능성이 높다.

* 민특법상 등록이 되어 있다면 실제 임대기간에 맞춰 공제율이 적용될 것으로 보인다. 참고로 매입임대주택에 대한 이 공제제도는 2020년 12월 31일로 종료되었다.

3. 자동·자진말소제도의 도입과 세제의 변화

앞의 양도세 혜택은 모두 세목별로 임대의무기간을 두고 있다.

· 양도세 중과배제 : 5~10년
· 거주주택 비과세 : 5년
· 조특법상 장기보유특별공제 특례 : 8~10년

그런데 2020년 8월 18일 이후부터는 민특법상 임대의무기간이 종료하면 등록이 자동말소되며 그 이전이라도 사업자가 등록을 말 소시킬 수도 있다. 이러한 제도의 도입으로 인해 기존의 세제혜택 환경이 바뀌게 되었는데 이를 정리하면 다음과 같다.

Tip 건설임대주택의 자동말소 및 자진말소에 따른 양도세 적용

구분	자동말소	자진말소
거주주택 비과세	말소일~5년 내 적용	좌동
양도세 중과배제	처분기한 없이 중과배제	말소일로부터 1년 내 처분 시 중과배제
조특법상 장특공제 특례	적용 가능(8년 이상)	8년 내 말소 시 적용 불가

☞ 자동말소나 자진말소 이후의 임대료 5% 상한 요건을 적용해야 하는지 등에 대해서는 제3장 등을 참조하기 바란다.

건설임대주택 사업자의 거주주택 비과세

건설임대주택을 등록해 일정기간 임대하면 소령 제167조의3 등의 규정에 따라 양도세 중과세가 적용되지 않는다. 한편 이러한 건설임대주택을 보유한 사업자가 거주하고 있는 거주주택에 대해서는 비과세를 해준다. 이러한 원리는 제5장에서 살펴본 매입임대주택사업자와 동일하다. 이하에서 간략하게 건설임대주택사업자의 거주주택에 대한 비과세제도를 알아보자.

1. 거주주택 비과세 규정

주임사의 거주주택 비과세 규정은 소령 제155조 제20항에 있다. 이에 대한 내용을 대략 다시 한번 보자.

〈20〉 제167조의3 제1항 제2호에 따른 주택[61]과 그 밖의 1주택을 국내에 소유하고 있는 1세대가 각각 제1호와 제2호의 요건을 충족하고 해당 1주택(거주주택)을 양도하는 경우[62]에는 국내에 1개의 주택을 소유하고 있는 것으로 보아 제154조 제1항을 적용한다.

1. 거주주택 : 보유기간 중 거주기간이 2년 이상일 것
2. 장기임대주택 : 양도일 현재 법 제168조에 따라 사업자등록을 하고, 장기임대주택을 민특법 제5조에 따라 민간임대주택으로 등록하여 임대하고 있으며, 임대보증금 또는 임대료(이하 이 호에서 '임대료 등'이라 한다)의 증가율이 100분의 5를 초과하지 않을 것. 이 경우 임대료 등의 증액 청구는 임대차계약의 체결 또는 약정한 임대료 등의 증액이 있은 후 1년 이내에는 하지 못하고, 임대사업자가 임대료 등의 증액을 청구하면서 임대보증금과 월 임대료를 상호 간에 전환하는 경우에는 민특법 제44조 제4항의 전환 규정을 준용한다(2020. 2. 11 개정).

원래 다주택자들은 1세대 1주택 비과세혜택을 배제하는 것이 세법의 태도다. 하지만 임대주택사업자들에 대해서는 혜택을 주는 것이 옳다. 그래서 소령 제155조 제20항은 장기임대주택(주택 수 불문)과 그 밖의 주택(거주주택)을 1채 보유한 상태에서 장기임대주택이 요건을 충족하면 거주주택을 1세대 1주택으로 보고 비과세를 적용한다. 따라서 이는 장기임대주택이 있는 상황에서 주어지는 비과세 규정에 해당한다고 할 수 있다.

---

61) 같은 호 가목 및 다목에 해당하는 주택의 경우에는 해당 목의 단서에서 정하는 기한의 제한은 적용하지 않되, 2020년 7월 10일 이전에 민특법 제5조에 따른 임대사업자등록 신청(임대할 주택을 추가하기 위해 등록사항의 변경 신고를 한 경우를 포함한다)을 한 주택으로 한정하며, 같은 호 마목에 해당하는 주택의 경우에는 같은 목 1)에 따른 주택[같은 목 2) 및 3)에 해당하지 않는 경우로 한정한다]을 포함한다. 이하 이 조에서 '장기임대주택'이라 한다.
62) 장기임대주택을 보유하고 있는 경우에는 생애 한 차례만 거주주택을 최초로 양도하는 경우에 한정한다.

2. 건설임대주택과 거주주택 비과세

건설임대주택사업자의 거주주택에 대한 비과세 요건을 매입임대주택과 비교·정리하면 다음과 같다.

임대주택 종류	주거전용면적	주택가격 (기준시가)	주택 수	임대기간	임대료 증액 제한
건설임대	149㎡ 이하	6억 원 이하	2호 이상	5년 이상*	5%
매입임대	–	6억 원 (수도권 밖 3억 원) 이하	1호 이상	5년 이상*	5%

* 거주주택 비과세 적용 시에는 등록유형의 장단기 여부를 묻지 않고 5년 이상 임대하면 임대기간 요건을 충족한 것으로 본다. 단, 말소제도의 도입으로 4년 자동말소의 경우에는 4년, 4년 자진말소는 2년, 8년 자동말소는 8년, 8년 자진말소는 4년이 임대의무기간이 된다.

건설임대주택의 요건은
- 면적 요건이 있고 주택 수 요건이 있으며, 기준시가도 지역과 관계없이 6억 원을 기준으로 한다는 점이 매입임대주택과 차이가 있다.
- 이외 임대의무기간과 자동말소 등의 제도는 매입임대주택과 차이가 없다.

3. 적용 사례

사례를 통해 앞의 내용을 확인해보자. 다음 물음들은 서로 독립적이다.

〈자료〉
· A건설임대주택 : 2022년 2월 자동말소됨(4년).
· B건설임대주택 : 2021년 10월 자진말소함(2년).
· C거주주택 : 2년 이상 거주함.

Q¹. C거주주택을 양도하면 비과세를 받을 수 있는가?

장기임대주택이 2채이고 민특법상 적법하게 말소된 경우 최초 말소일(2021년 10월)로부터 5년 내 양도하면 비과세를 받을 수 있다.

Q². A임대주택을 2022년 3월에 양도했다. 이 경우 C거주주택은 언제까지 양도하면 비과세를 받을 수 있는가?

이때는 남아 있는 B주택의 말소일인 2021년 10월이 최초 말소일이 되어 이날을 기준으로 5년을 따져야 할 것으로 보인다.

☞ 거주주택 비과세는 주택임대 중에 주어지는 혜택에 해당하므로 임대주택을 유지하는 한 이를 적용하는 것이 타당하다. 따라서 다음과 같은 관계가 형성될 것으로 보인다.

- 말소된 주택이 1채 남아 있는 경우 : 이 주택의 말소일로부터 5

년 내 거주주택 처분
- 말소된 주택이 2채 이상이 남아 있는 경우 : 이 중 최초로 말소
된 주택의 말소일로부터 5년 내 거주주택 처분

Q³. B임대주택을 말소 후 2022년 1월 임대료를 6% 올렸다. 이 경우 C거주주택에 대한 비과세를 받을 수 있을까?

4년 단기임대를 자진말소한 경우 2년만 채워도 임대의무기간을 충족하게 된다. 하지만 임대 요건 5%룰은 지키지 않아도 될까? 그렇다. 기재부 예규에서 이러한 방침을 정했기 때문이다(115페이지 참조). 다만, 자진말소의 경우 임대의무기간이 짧기 때문에 이의 중과배제 조항에서는 임대의무기간 외의 요건은 충족하도록 하고 있다. 따라서 거주주택 양도일까지 이 룰은 지키는 것이 좋을 것으로 보인다. 이에 대한 쟁점분석은 제3장 등에서 충분히 했다.

Q⁴. A임대주택이 4년 임대 후 자동말소되어 2022년 1월 임대료를 6% 올렸다. 이 경우 C거주주택에 대한 비과세를 받을 수 있을까?

이에 대해 명확한 유권 해석은 없지만 국세청 홈택스상담에서는 거주주택 양도일까지 이 룰을 지키도록 하고 있다. 그런데 최근 (2022. 1. 24) 기재부에서 말소 이후에는 특례요건을 갖추지 않아도 비과세를 적용하겠다는 해석을 발표했다(115페이지 참조). 따라서 거주주택 비과세를 받기 위해서는 이러한 요건을 충족할 필요가 없다. 하지만 이를 제외한 다른 규정에서도 이러한 요건을 적용하지 않는지 여부는 별도로 확인해야 한다(제3장 참조).

04
건설임대주택과 양도세 중과배제

건설임대주택을 등록해 일정기간 임대하면 소령 제167조의3 등의 규정에 따라 양도세 중과세가 적용되지 않는다. 물론 여기에서 규정하고 있는 요건들을 충족해야 한다. 참고로 건설임대주택은 매입임대주택과는 결이 다르므로 요건을 완화해 이를 적용하고 있다.

1. 매입임대주택과 건설임대주택의 양도세 중과배제의 요건

소령 제167조의3 제1항 제2호를 중심으로 매입임대주택과 건설임대주택의 중과배제 요건을 비교하면 다음과 같다.

임대주택 종류	주거전용 면적	주택가격 (기준시가)	주택 수	임대기간	임대료 증액 제한	지역
매입임대	-	6억 원 (수도권 밖 3억 원) 이하	1호 이상	5·8·10년 이상	5%	전국
	2018년 9월 14일 이후 조정대상지역 취득분은 중과적용					
건설임대	149㎡ 이하	6억 원 이하	2호 이상	5·8·10*년 이상	5%	동일 시·도

* 2018. 3. 31 이전 등록 5년(장단기등록 불문), 2018. 4. 1 이후 등록 8년(장기등록),
　2020. 7. 11(8.18) 이후 등록 10년(장기등록)

- 면적 요건 : 소령 제167조의3 제1항 제2호 다목 규정을 적용함에 있어 다가구주택(건축법 시행령 별표 1 제1호 다목에 해당하는 것을 말함)은 한 가구가 독립하여 거주할 수 있도록 구획된 부분을 각각 하나의 주택으로 보아 면적 및 기준시가 요건 충족 여부를 판단한다(양도, 부동산 거래관리과-143, 2010. 1. 28)
- 기준시가 요건 : 수도권 불문하고 6억 원을 기준으로 한다.
- 주택 수 요건 : 최소한 2호 이상이 되어야 한다.
- 임대의무기간 요건 : 등록시기에 따라 5~10년 이상 임대해야 한다. 이 요건은 자동말소나 자진말소에 의해 그 기간이 단축될 수 있다.
- 임대료 증액 제한 요건 : 2019년 2월 12일 이후 계약분을 최초임대료로 하여 1년 이후에 5% 이내에서 증액을 해야 한다.
- 지역 요건 : 동일한 시나 도의 주택 수를 합산한다(큰 의미는 없다).

☞ 그동안 주택임대업에 대한 부동산 대책은 매입임대주택에 초

점을 맞춰 진행되어 왔다. 이들이 주로 부동산 시장에 많은 영향을 주었기 때문이다. 이에 따라 매입임대주택은 2018년 9월 14일 이후 조정대상지역 취득분은 장기등록에 불구하고 중과세를 적용하나 건설임대주택은 이 규정을 적용하지 않는다.

2. 자동말소 등과 양도세 중과배제

1) 4년 단기임대 건설임대주택

민특법상 임대의무기간이 4년인 단기임대 건설임대주택은 임대의무기간이 경과하면 무조건 등록이 말소된다. 이외 임대의무기간 전이라도 1/2 이상 임대한 후 말소하고 1년 내 처분하면 중과적용을 배제한다.

구분	중과배제 요건	비고
자동말소	없음.	
자진말소	· 임대의무기간(4년)의 1/2 이상 임대 후 말소신청할 것* · 말소일로부터 1년 내 양도할 것	말소일 이후 임대료 5% 상한 요건을 갖춰야 함.

* 민특법상 임대의무기간의 1/2 이상만 충족되면 공실 등을 따질 이유가 없다.

건설임대주택이라도 4년 단기임대는 무조건 등록이 말소된다. 한편 단기임대를 장기임대로 변경하는 것도 2020년 8월 18일 이후부터 금지되었다. 따라서 이를 재등록하려면 매입임대주택으로 등록할 수 있으며, 이때 아파트는 제외하고 10년 이상 장기로 등록해야 할 것으로 보인다.

2) 8년 장기임대 건설임대주택

민특법상 임대의무기간이 8년인 장기임대 건설임대주택은 앞의 단기임대와는 달리 아파트에 한해 등록이 말소된다. 또한 아파트에 한해 임대의무기간 전이라도 1/2 이상 임대한 후 말소하고 1년 내 처분하면 중과적용을 배제한다.

구분	중과배제 요건	비고
자동말소	아파트에 한해 자동말소됨.	
자진말소	· 아파트에 한해 임대의무기간(8년)의 1/2 이상 임대 후 말소신청할 것* · 말소일로부터 1년 내 양도할 것	말소일 이후 임대료 5% 상한 요건을 갖춰야 함.

* 민특법상 임대의무기간의 1/2 이상만 충족되면 공실 등을 따질 이유가 없다.

3) 10년 장기임대 건설임대주택

2020년 8월 18일 이후 등록한 건설임대주택으로 아파트 정도만 자동말소나 자진말소할 수 있다. 다만, 아파트형 도시형 생활주택은 자동말소나 자진말소의 대상에서 제외한다.

3. 적용 사례

사례를 통해 앞의 내용을 확인해보자. 다음 물음들은 서로 독립적이다.

Q^1. A임대주택은 언제까지 처분해야 중과배제를 받을 수 있는가?

4년 자동말소의 경우에 처분기한 없이 중과배제를 받을 수 있다.

Q^2. B임대주택도 중과배제를 받을 수 있는가?

그렇다. 매입임대주택의 경우 2018년 9월 14일 이후 조정대상지역 내에서 취득해 등록하면 중과를 적용하지만, 건설임대주택은 이 규제를 적용받지 않는다.

Q^3. C주택을 양도하면 거주주택 비과세를 받을 수 있는가?

그렇다. 다만, 자동말소된 주택을 보유하고 있는 경우 말소일로부터 5년 내 거주주택을 양도해야 비과세를 받을 수 있다.

05
건설임대주택과
장기보유특별공제 특례

건설임대주택을 장기로 등록한 후 8년 이상 장기임대 시 장기보
유특별공제를 최대 70%까지 적용받을 수 있다. 이에 대한 특례는
매입임대주택에 대해서도 적용되지만 적용시한에서 차이가 있다.
이에 대한 자세한 내용은 제7장을 참조하기 바란다.

1. 장기일반민간임대주택과 장기보유특별공제

조특법 제97조의3에서 정하고 있는 장기보유특별공제에 관한 규
정을 살펴보면 다음과 같다.

① 대통령령으로 정하는 거주자가 2020년 12월 31일(민특법 제2조 제2호에 따른 민간건설임대주택의 경우에는 2022년 12월 31일)까지 민특법 제2조 제4호에 따른 공공지원민간임대주택 또는 같은 법 제2조 제5호에 따른 장기일반민간임대주택을 등록 [63]하여 다음 각 호의 요건을 모두 갖춘 경우 그 주택(이하 이 조에서 '장기일반민간임대주택 등'이라 한다)을 양도하는 경우에 대통령령으로 정하는 바에 따라 임대기간 중 발생하는 소득에 대해서는 소득세법 제95조 제1항에 따른 장기보유특별공제액을 계산할 때 같은 조 제2항에도 불구하고 100분의 50의 공제율을 적용한다. 다만, 장기일반민간임대주택 등을 10년 이상 계속하여 임대한 후 양도하는 경우에는 100분의 70의 공제율을 적용한다(2020. 12. 29 개정).
1. 8년 이상 계속하여 임대한 후 양도하는 경우(2014. 12. 23 개정)
2. 대통령령으로 정하는 임대보증금 또는 임대료 증액 제한 요건 등을 준수하는 경우(2014. 1. 1 신설)

- 매입임대주택은 2020년 12월 31일까지 등록한 경우 이 특례가 적용된다.
- 건설임대주택은 2022년 12월 31일까지 등록한 경우 이 특례가 적용된다.

☞ 일반적으로 건설임대주택은 다세대주택이나 다가구주택이 그 대상이므로 8년 등록으로 되어 있다고 해서 자동말소가 되지 않고 또 자진말소도 되지 않는다. 따라서 장기보유특별공제율은 최대 70%까지 적용 가능하다.

---

63) 2020년 7월 11일 이후 장기일반민간임대주택으로 등록 신청한 경우로서 아파트를 임대하는 민간매입임대주택이나 민특법(법률 제17482호로 개정되기 전의 것을 말한다) 제2조 제6호에 따른 단기민간임대주택을 2020년 7월 11일 이후 같은 법 제5조 제3항에 따라 공공지원민간임대주택 또는 장기일반민간임대주택으로 변경 신고한 주택은 제외한다.

2. 적용 사례

사례를 통해 앞의 내용을 확인해보자.

〈자료〉
· 장기건설임대주택
· 다세대주택
· 임대개시일 : 2016. 1. 1(기준시가 2억 원)

Q1. 이 주택을 양도하면 장기보유특별공제는 몇 %를 받을 수 있는가?

8년 이상 임대 시 50%, 10년 이상 임대 시 70%가 적용된다.

Q2. 앞의 주택의 임대기간이 8년이 되면 자동말소되는가?

아파트를 제외한 주택들은 8년이 경과하더라도 자동말소가 되지 않는다. 그리고 임대의무기간 전에도 자진말소할 수 없다.

Q3. 위 물음2의 경우 실제 임대를 12년하고 임대업을 종료했다. 이 경우 특례적용 소득의 범위는 어떻게 적용하는가?

이에 대해서는 10년간 임대기간 중 발생한 양도차익에 대해 적용한다. 구체적인 계산은 제7장에서 본 것과 같다.

Tip 건설임대주택과 양도세 감면

2018년 12월 31일 이전에 장기로 등록하고 10년 이상 임대 시 양도세 100% 감면을 받을 수 있다.

주택을 신축해 판매하는 사업자가 신축한 주택이 분양되지 않은 경우에 보유세 등의 부담이 있을 수 있다. 이 경우 임대업으로 전환하면 보유세 부담 등을 줄일 수 있다. 이하에서 이에 대해 알아보자.

1. 건설임대주택 관련 세무리스크 발생 사례

K씨는 현재 7세대의 다세대주택을 건설했다. 다음 자료를 보고 물음에 답하면?

<자료>
· 신축장소 : 경기도
· 세대상 면적 : 60㎡ 초과
· 기준시가 : 6억 원에 미달

Q¹. 앞의 주택이 분양이 되지 않는 경우 종부세를 내야 하는가?

건설사가 보유한 미분양주택에 대해서는 5년간 종부세를 과세하지 않는다. 다만, 여기서 미분양주택은 다음의 요건을 갖춰야 한다. 따라서 이러한 요건에 해당하지 않는 미분양주택은 종부세를 내야 함에 유의해야 한다.

1. 주택법 제15조에 따른 사업계획승인을 얻은 자가 건축하여 소유하는 미분양 주택으로서 2005년 1월 1일 이후에 주택분 재산세의 납세의무가 최초로 성립하는 날부터 5년이 경과하지 아니한 주택
2. 건축법 제11조에 따른 허가를 받은 자가 건축하여 소유하는 미분양 주택으로서 2005년 1월 1일 이후에 주택분 재산세의 납세의무가 최초로 성립하는 날부터 5년이 경과하지 아니한 주택. 다만, 다음 각 목의 요건을 모두 갖춘 주택은 제외한다.
   가. 주택법 제54조에 따라 공급하지 아니한 주택
   나. 자기 또는 임대계약 등 권원(權原)을 불문하고 타인이 거주한

기간이 1년 이상인 주택

Q². 앞의 주택을 임대할 경우 종부세를 면제받을 수 있는가?

분양이 되지 않은 주택을 임대로 전환하는 경우에는 종부세를 내는 것이 원칙이다. 다만, 민특법상 2호 이상 임대등록을 하고 8년 임대의 무기간 요건 등을 갖춘 경우에는 종부세를 내지 않아도 된다(종부세법 시행령 제3조 제1항 제7호 참조). 건설임대주택에 대해서는 세제상 우대가 적용되고 있다. 다만, 종부세를 내지 않기 위해서는 합산배제 신청 (9월 16~30일)을 해야 한다.

Q³. 앞의 주택을 사용승인이 난 후에 임대등록할 때 주의해야 할 사항은?

건설임대주택은 보존등기가 나기 전에 임대등록한 주택을 말한다. 따라서 사용승인이 난 이후에 임대등록을 한 경우에는 세제지원이 박탈될 가능성이 높다. 한편 2018년 9월 14일 이후에 조정대상지역 내에서 취득한 주택을 임대등록한 경우에는 종부세 합산배제를 적용하지 않도록 법이 개정되었기 때문이다. 물론 이 개정 규정은 건설임대주택에 대해서는 적용되지 않는다. 따라서 건설임대주택으로 세제혜택을 받기 위해서는 사용승인이 나기 전에 임대등록을 하는 것이 필요하다.

☞ 법인의 경우 2020년 6월 18일 이후 조정대상지역 내의 주택을 매입임대등록하면 추가법인세 등을 과세한다.

Q⁴. 사용승인 전에 임대등록한 경우 어떤 혜택을 추가로 받을 수 있는가?

사용승인전 전에 건설임대주택으로 등록한 경우에는 다음과 같은 다양한 혜택을 누릴 수 있다.

· 전용면적 60㎡ 이하인 신축 공동주택에 대해서는 취득세 감면을 받을 수 있다. 이때 감면율은 취득세액이 200만 원 초과 시에는

85%가 적용된다.

- 등록한 주택 수가 2주택 이상이면 면적에 따라 재산세 감면을 받을 수 있다.
- 향후 임대의무기간 종료 후 이를 양도하면 양도세 중과배제(법인은 추가법인세 적용배제)를 적용받는다.

Q5. 만일 신축판매업으로 등록한 상태에서 미분양이 나서 5년간 종부세를 면제받았다. 그렇다면 이 기간이 종료되면 종부세를 내야 하는가?

5년 내에 분양이 되지 않았다면 종부세가 나올 것으로 보인다.

☞ 이러한 상황에서 종부세를 피할 수 있는 방법은 양도나 증여, 그리고 임대등록 등이 있다. 여기서 임대등록은 2020년 8월 18일 이후부터 10년 장기로 등록해야 한다(단, 아파트는 등록불가).

2. 건설임대주택 관련 세무관리법

건설임대주택은 매입임대주택과는 달리 세제상 우대를 받는다. 이러한 관점에서 이에 대한 세무관리법을 알아보자.

첫째, 신규임대등록 시에는 10년 이상 장기로만 등록해야 한다. 2020년 8월 18일 이후부터는 단기임대제도는 소멸되었고 장기임대제도는 존속되고 있지만, 임대기간이 8년에서 10년으로 늘어났다. 따라서 신규등록 시에는 10년 이상 임대를 생각해야 한다.

둘째, 건설임대주택으로 인정받기 위해서는 사용승인 전에 등록해야 한다. 사용승인 전에 관할 지자체에 임대등록을 한다. 한편 관할 세무서에 하는 사업자등록의 경우 주택임대업 업종을 표기하도록 한다.

셋째, 임대가 개시된 이후에는 민특법상 각종 의무를 이행해야 한다. 이에 대한 주요의무에는 임대차계약신고, 임대료 5%룰 준수의무 등이 있다.

법인도 개인처럼 주택임대업을 영위할 수 있다. 다만, 법인은 양도세가 아닌 법인세를 내는데, 이때 요건을 갖춘 장기임대주택에 대해 추가법인세(20%)를 부과하지 않는 방법으로 세제지원을 하고 있다. 다만, 2020년 6월 18일 이후 조정대상지역 내의 주택을 매입임대등록을 하면 이에 대해서는 세제지원을 하지 않는다. 2020년 6·17대책과 관련이 있다. 이하에서는 법인의 주택임대업에 대한 세제를 정리해보자.

1. 신규로 등록하고자 하는 경우

2020년 8월 18일 이후부터는 법인이라고 하더라도 4년 단기임대는 폐지되었고 10년 장기로만 등록할 수 있다.

1) 4년 단기임대

이 제도는 폐지되었다. 따라서 법인도 이 제도를 적용받을 수 없다.

2) 10년 장기임대

① 매입임대주택

아파트를 제외한 다세대주택, 다가구주택, 주거용 오피스텔은 10년 이상 장기임대등록이 가능하다. 다만, 2020년 6월 18일 이후에는 조정대상지역 내의 주택들에 대해서는 등록을 하더라도 종부세 합산배제를 하고 법인세 추가과세를 적용한다.

> · 법인세법 시행령 제92조의2(토지 등 양도소득에 대한 과세특례)
> 1의12. 민특법 제2조 제3호에 따른 민간매입임대주택 중 같은 조 제4호에 따른 공공지원민간임대주택 또는 같은 조 제5호에 따른 장기일반민간임대주택으로서 다음 각 목의 요건을 모두 갖춘 주택. 이 경우 민특법 제2조 제5호에 따른 장기일반민간임대주택의 경우에는 2020년 6월 17일 이전에 사업자등록등을 신청한(임대할 주택을 추가하기 위해 등록사항의 변경 신고를 한 경우를 포함한다) 주택으로 한정한다(2020. 8. 7 후단신설).

② 건설임대주택

아파트를 포함한 다세대주택이나 다가구주택 등을 2호 이상 신축해 10년 이상 장기로의 임대등록이 가능하다.

3) 적용 사례

사례를 통해 앞의 내용을 확인해보자.

〈자료〉
· K법인은 다음과 같은 주택을 보유하고 있음.
· A주택 : 2017년 취득(서울 소재)
· B주택 : 2021년 취득

Q¹. 앞의 A주택은 2018년 9월 13일 이전에 취득한 주택이다. 이 주택을 2022년에 임대등록하면 추가과세를 면제받을 수 있을까?

아니다. 법인은 취득 시기를 불문하고 2020년 6월 18일 이후 조정대상지역 내에서 임대등록을 하더라도 법인세 추가과세를 적용한다.

Q². 앞의 B주택은 비조정대상지역에서 소재한 주택이다. 이를 K법인이 임대등록하면 추가법인세를 면제받을 수 있는가?

비조정대상지역 내의 주택은 10년 이상 장기임대하면 추가법인세를 면제받을 수 있다.

2. 기등록한 경우

1) 자동말소가 되는 경우

기등록한 법인 임대사업자들은 최소 의무임대기간 4년이나 8년이 경과하면 등록이 자동으로 말소된다. 이때 주택임대업을 영위하는 법인이 이미 받은 세제혜택에는 영향이 없다. 그리고 자동말소된 주택은 언제든지 양도해도 법인세 추가과세를 적용하지 아니한다.

2) 자진말소를 한 경우

의무임대기간이 경과하기 전이라도 등록말소를 요청할 수 있다. 공적 의무를 이행한 경우에는 과태료 3천만 원을 면제받을 수 있으며, 이미 받은 종부세 합산과세도 추징이 되지 않는다. 다만, 법인세 추가과세의 경우 임대의무기간의 1/2 이상 임대한 상태에서 말소한 후에 1년 내 양도하면 추가과세를 적용하지 않는다.

☞ 참고로 개인 양도세의 경우 한시적으로 중과세가 폐지될 수 있으나 법인에 추가법인세는 그대로 둘 가능성이 높다.

신방수 세무사의
주택임대사업자 등록말소주택 절세 가이드북

제1판 1쇄 2022년 3월 4일

지은이 신방수
펴낸이 서정희 　**펴낸곳** 매경출판㈜
기획제작 ㈜두드림미디어
책임편집 배성분 　**디자인** 디자인 뜰채(apexmino@hanmail.net)
마케팅 강윤현, 이진희, 장하라

매경출판㈜
등 록 2003년 4월 24일(No. 2-3759)
주 소 (04557) 서울시 중구 충무로 2(필동 1가) 매일경제 별관 2층 매경출판㈜
홈페이지 www.mkbook.co.kr
전 화 02)333-3577
이메일 dodreamedia@naver.com
인쇄·제본 ㈜M-print 031)8071-0961

ISBN 979-11-6484-372-5 03320

부동산 도서 목록

📍 부동산 도서 목록 📍

부동산 투자를 시작하기 전에 꼭 읽어야 할 실전 기술

부동산 상식을 돈으로 바꾸는 방법

해외 부동산 투자, 나는 말레이시아로 간다

MALAYSIA

투자자에게 알려주고 싶은 부동산 블루오션

당신도 건물주가 될 수 있다!

원룸 마스터

원룸으로 공무원의 삶을 누리자

부동산 투자자, 계약자가 꼭 알아야 하는

부동산 실무 法 용어사전 1,000

부자로 환승하라 머니트레인

부동산 투자, 이제는 지하철이 핵심이다!

부동산 투자 인사이트

그는 어떻게

부동산 1인 창업으로 10억을 벌었을까?

절세남 이상욱 세무사의

절세의 모든 기술 부동산 법인에 있다!

부동산 법인 A to Z

돈 버는 주택임대 관리기법

10%대 수익률을 위한 최고의 부동산 재테크

P2P 투자의 정석

부동산으로 이룬 자유의 꿈

아파트 경매,

매매 사례를 중심으로 살펴보는

대박 친 빌딩 투자의 비밀

부자가 되기 위한 부동산 요리의

정준환의 부동산 레시피

초보를 위한 취업과 창업 완벽 가이드

잘나가는 공인중개사의 비밀노트

한 권으로 정리한 단기 속성 실무전략

新

명품 토지 중개 실무

다양한 사례와 함께 살펴보는 실무 노하우

실속 있는 부동산 관리까지

돈 길 따라가는 부동산 투자

부동산 세무 가이드북

Real estate Tax Guide Book

실전편

2019 개정세법 11번 완벽해설판

지식산업센터 투자 실전 편

부동산 투자, 아파트형 공장이 틈새다

개념부터 쉽게 배우는 부동산 필수 상식

돈 되는 부동산은 따로 있다